INFORMAL, NÔMADE, TRADICIONAL

Dados Internacionais de Catalogação na Publicação (CIP)
(Câmara Brasileira do Livro, SP, Brasil)

Cancello, Luiz A. G.
  Informal, nômade, tradicional : os psicólogos psicoterapeutas e seus grupos de estudos / Luiz A. G. Cancello. — São Paulo : Summus, 2007.

Bibliografia.
ISBN 978-85-323-0349-3

1. Fenomenologia 2. Grupos de estudos 3. Psicoterapia 4. Psicoterapeutas – Formação profissional I. Título.

07-1369								CDD-616.8914023
									NLM-WM 018

Índices para catálogo sistemático:

1. Grupos de estudos : Aplicação na formação de psicoterapeutas :
   Ciências médicas   616.8914023
2. Psicoterapeutas : Formação : Uso dos grupos de estudos :
   Ciências médicas   616.8914023

Compre em lugar de fotocopiar.
Cada real que você dá por um livro recompensa seus autores
e os convida a produzir mais sobre o tema;
incentiva seus editores a encomendar, traduzir e publicar
outras obras sobre o assunto;
e paga aos livreiros por estocar e levar até você livros
para a sua informação e o seu entretenimento.
Cada real que você dá pela fotocópia não autorizada de um livro
financia um crime
e ajuda a matar a produção intelectual em todo o mundo.

INFORMAL, NÔMADE TRADICIONAL

Os psicólogos psicoterapeutas
e seus grupos de estudos

Luiz A. G. Cancello

summus
editorial

INFORMAL, NÔMADE, TRADICIONAL
Os psicólogos psicoterapeutas e seus grupos de estudos
Copyright © 2007 by Luiz A. G. Cancello
Direitos desta edição reservados por Summus Editorial

Editora executiva: **Soraia Bini Cury**
Assistentes editoriais: **Bibiana Leme e Martha Lopes**
Capa: **Camila Mesquita**
Diagramação: **Acqua Estúdio Gráfico**
Impressão: **Sumago Gráfica Editorial Ltda.**

Summus Editorial
Departamento editorial:
Rua Itapicuru, 613 – 7º andar
05006-000 – São Paulo – SP
Fone: (11) 3872-3322
Fax: (11) 3872-7476
http://www.summus.com.br
e-mail: summus@summus.com.br

Atendimento ao consumidor:
Summus Editorial
Fone: (11) 3865-9890

Vendas por atacado:
Fone: (11) 3873-8638
Fax: (11) 3873-7085
e-mail: vendas@summus.com.br

Impresso no Brasil

Dedico este trabalho à memória do doutor Pethö Sándor.

Agradecimentos

À Universidade Católica de Santos,
pela concessão da bolsa de estudos
que permitiu a elaboração deste trabalho.

À professora doutora Sonia Aparecida Ignacio Silva,
minha orientadora,
pela condução a um só tempo firme e amiga,
e por ter me presenteado com o prefácio deste livro.

Aos professores doutores Conceição Neves Gmeiner
e Antonio Joaquim Severino,
pelas valiosas sugestões oferecidas e
por me darem a honra de compor a banca deste trabalho.

A Laura Carneiro Mendes Rosa,
amiga e revisora de sempre.

A todos os que participaram comigo de grupos de estudos,
como orientadores, colegas e orientados, presença essencial para que
minhas indagações tomassem forma.

Aos entrevistados no processo da pesquisa,
que, ao emprestarem suas histórias,
permitiram ao texto vir à luz.

A Célia Regina,
companheira e incentivadora.

Sumário

Prefácio 9

Apresentação 13
    Por que estudar os grupos de estudos? 22
    Percurso 25

1. COMO PESQUISAR? 29
    A fenomenologia como possibilidade 36

2. CONHECENDO OS GRUPOS 45
    Dois tipos de grupos de estudos 46
    Grupos de estudos e poder disciplinar 48

3. FAZENDO PESQUISA 55
    Questionário 55
    Entrevista 63

4. OUVINDO OS PSICÓLOGOS 83
    O que ouvir? As unidades de significado 83
    Informalidade e tradição 87
    Os nômades 89
    Postura, formação, identidade 96

Considerações finais: o processo formativo 103
   A-letheia 103
   Em busca de uma síntese 106

Conclusões 109

Bibliografia 115

Prefácio

Sempre afirmei aos meus alunos que há uma grande diferença entre fazer pesquisa por obrigação e fazer pesquisa motivado por certa paixão pelo objeto pesquisado. Penso que, neste livro, Luiz Antonio Guimarães Cancello nos brinda com um exemplo concreto de investigação que se enquadra na segunda categoria apontada; e, diga-se de passagem, conduzida com extrema competência.

Conheci o autor quando ele cursava o mestrado em Educação na Universidade Católica de Santos, no início dos anos 2000. Nessa época, eu trabalhava com Seminários de Pesquisa, uma das atividades curriculares obrigatórias a todos os mestrandos. Era, então, a figura "desagradável", que tinha por obrigação apresentar regras, normas, enfim, as condições sem as quais não se faz pesquisa em educação de modo rigoroso e aceitável.

Professor do curso de Psicologia da Unisantos há tempo considerável, terapeuta respeitado na região e escritor já com vários livros publicados, Cancello sempre me desafiou com seus questionamentos. Com freqüência, suas inquietações davam um toque diferente às aulas, aquecendo discussões entre alunos — todos adultos, em sua maioria já professores universitários — e professora, de modo que nossos encontros foram se constituindo situações de aprendizagem mútua e múltipla, também graças às suas intervenções. Ou seja, todos nós sempre aprendíamos algo novo com a dialogicidade assumida como método, conforme propôs com muita força epistêmica e política um de nossos educadores maiores, Paulo Freire.

Coube-me, assim, o grande desafio — enfrentado com muito prazer, aliás — de orientar sua pesquisa de mestrado. Confesso que a dificuldade maior foi tão-somente a de convencê-lo a começar a pesquisar. Quando a tomada de decisão se deu, o processo posterior foi de crescimento intenso e significativo, tanto para o pesquisador quanto para a orientadora. A partir de então, assumi a função de orientação propriamente dita, ou seja, a de instigar o processo dialógico quanto aos rumos da investigação.

A definição do tema surgiu, pode-se dizer, do núcleo "bom" das experiências do autor como estudante e como profissional de psicologia. Nesse processo de definição, ele se lembrou do doutor Pethö Sándor, com quem, ainda universitário, participou de um primeiro grupo de estudos sobre Jung. Lembrou-se também do doutor José Angelo Gaiarsa, outro importante nome da psicologia brasileira, que, segundo o autor afirma na Apresentação do livro, mostrou-lhe "faces diferentes e revolucionárias da psicoterapia".

Estas e outras personalidades importantes — todas indicadas na Apresentação — foram responsáveis pelas experiências de formação do autor como psicólogo psicoterapeuta e, talvez, também tenham sido interferências decisivas no desenvolvimento de suas habilidades literárias.

Do ponto de vista da pesquisa realizada para fins do mestrado, cujos resultados estão organizados neste livro, percebo sua gênese nestas experiências significativas, especialmente aquelas referentes aos grupos de estudos dos quais Cancello participou, ou os que vem orientando já há um bom tempo.

Mais uma vez quero afirmar que a pesquisa foi conduzida segundo os padrões de rigor e organização que devem ser obrigatoriamente considerados na produção de um trabalho acadêmico, especialmente nas áreas das ciências humanas e da educação.

Cancello usou, com maestria, os instrumentos metodológicos indispensáveis e adequados para obter informações sobre seu objeto de estudo: a relação dos grupos de estudo (GEs, segundo a codificação do autor) com a formação do psicólogo psicoterapeuta. Trabalhou, com empenho e correção, na aplicação de questionários e na condução de entrevistas com sujeitos selecionados segundo critérios definidos, também, com o rigor necessário e possível.

A análise das informações coletadas e a elaboração crítica dos resultados foram primorosas. Nesse momento, com mais força até do que nos anteriores, apareceu a fundamentação teórica consistente que o autor consegue apresentar, num processo de *tessitura práxica*, ao comentar e explicitar progressivamente seu objeto de estudo, partindo dos depoimentos dos sujeitos entrevistados. Mas que se expressa, também, e a todo momento, como reflexão sobre o vivido pelos sujeitos, sobre suas próprias experiências, sobre as teorizações que dão respaldo e fundamento ao trabalho.

Pode-se reconhecer, sem dúvida, que este texto é construído com base na discussão de idéias que provêm da psicologia, da psicologia analítica, da psicoterapia fenomenológico-existencial; das importantes reflexões filosóficas que marcaram a modernidade e das que introduziram a pós-modernidade; da hermenêutica, da história etc. Enfim, tudo isso tendo como pano de fundo a fenomenologia, não somente como método de pesquisa – que o autor afirma e assume como possibilidade de se fazer pesquisa qualitativa em educação –, mas também como opção teórica, como certa cosmovisão, eu arriscaria afirmar.

Em suma, vejo este livro do ponto de vista de múltiplas entradas: a da pesquisa, do método, do questionário, da entrevista. A da discussão teórica sobre a área psi, sobre a filosofia, sobre a fenomenologia. A da formação do psicólogo, do psicoterapeuta, do ser humano. A dos grupos de estudos como um espaço dessa formação, ao mesmo tempo "informal, nômade e tradicional", segundo o expressivo título que o autor escolheu para sua obra.

Tenho certeza de que a leitura deste livro será profícua e prazerosa para todos, tanto quanto foi para mim.

Sonia Aparecida Ignacio Silva
Professora doutora aposentada do Programa de Pós-graduação em Educação Escolar da Universidade Estadual Paulista (Unesp).
Professora convidada da Coordenadoria Geral de Especialização, Aperfeiçoamento e Extensão (Cogeae) da Pontifícia Universidade Católica de São Paulo (PUC-SP).

Apresentação

Quando eu estava no segundo ano da faculdade, na Universidade Católica de Campinas, nos idos de 1967, encantei-me com aquilo que podia entender, na época, das idéias de Jung. Já não sei quem me falou a respeito de um psiquiatra húngaro, doutor Pethö Sándor, que morava na rua Paraguassu, em São Paulo, e orientava um grupo de estudos junguiano. Lembro-me de tomar contato com ele por meio de uma amiga, aluna do Sedes Sapientiae. E lá fui eu conhecê-lo. Convidou-me para uma reunião com seu grupo, que acabei freqüentando durante nove anos. Tomei o doutor Sándor como um modelo intelectual até agora não igualado. Ele falava diversas línguas, tinha conhecimento sobre um sem-número de assuntos, parecia ter lido o conteúdo de todas as bibliotecas. Eu o reputava (e reputo) um sábio. A ele dedico este trabalho.

Prestes a me formar, fiz parte também de outro grupo, desta vez com o doutor José Angelo Gaiarsa. De personalidade completamente oposta à do meu ídolo anterior, com sua irreverência brasileira, reichiano, criativo e excelente escritor, mostrou-me faces diferentes e revolucionárias da psicoterapia. Foi a segunda grande influência que recebi. Não me recordo de quanto tempo permaneci estudando com o doutor Gaiarsa; calculo que foram, pelo menos, três anos. Durante certo período freqüentei tanto o orientador europeu como o latino, observando o modo de ser de cada um e constituindo minha maneira própria de pensar e trabalhar.

Percebo, hoje, que esses dois mestres tornaram-se as principais figuras de minha formação básica. Muito mais tarde, no final dos anos 1970, procurei a Associação Brasileira de Daseinsanalyse, já seduzido por leituras sobre a fenomenologia existencial. Durante uns seis ou sete anos freqüentei seus grupos, cursos e palestras. Apesar de filiado à Associação Internacional de Daseinsanalyse, o pessoal de São Paulo funcionava como uma entidade independente e mais informal, nos moldes de um grupo de estudos. Os contatos com João Augusto Pompéia, o Guto, e com Elsa Oliveira Dias mostraram-me outra visão da psicoterapia, que mantenho basicamente até hoje. No entanto, essa já foi uma escolha mais intelectual, mais crítica, encantadora à sua maneira, mas sem o caráter iniciático daquelas primeiras experiências.

Permeando tais estudos, freqüentei ainda grupos paralelos, por assim dizer. Junto com outros colegas, quando sentíamos necessidade de conhecer assuntos que facilitassem o entendimento dos autores estudados nos grupos principais, procurávamos alguém que pudesse nos orientar. Lembro-me, por exemplo, de reuniões que tivemos com a professora Thaís Curi Beaini, procurando um panorama amplo para situar a fenomenologia existencial dentro da história da filosofia. Também Zejco Loparic, dono de vasta cultura e poliglota, foi uma influência marcante. Estudamos com ele durante uns seis meses.

Já no final da década de 1980, atrevi-me a orientar grupos de estudos, inicialmente em psicoterapia fenomenológico-existencial. Eu era professor universitário desde 1970. O contraste entre as modalidades de ensino institucional e informal, que sempre me havia chamado a atenção, agora passava a ser um tema de maiores reflexões. Eu via o empenho intelectual e emocional daquelas pessoas em aprender, reunidas comigo semanalmente, durante anos, fora de qualquer curso regular que lhes fornecesse diploma ou certificados oficiais, sem maiores garantias além da confiança que depositavam em mim.

Sempre fiquei intrigado com a estranheza da aprendizagem, do ensino e da prática desta profissão de psicoterapeuta. Lembro-me do espanto de Laing (1989), em *O eu e os outros*, ao se perguntar quem o havia autorizado a ser "médico de almas". A mesma perplexidade haveria de encontrar muito depois em Hillman e Ventura (1995), no seu famoso *Cem anos de psicoterapia... E o mundo está cada vez pior*. Resolvi escrever sobre o tema para organizar as idéias. O primeiro texto, intitulado "O diabo a quatro", publicado na revista *Rádice*, data de 1980. Ali, perplexo com o fato de pessoas me procurarem para, conversando, melhorar de algum modo sua vida, dizia:

> Estranho estado! Que fazer? Agir na fluidez que ele traz? Esperar o tempo necessário para que se configure uma situação inteligível? Contemplá-lo, fundir-se com ele? Tentar defini-lo? Perguntas vazias! Para respondê-las, alguns têm me procurado – coisa que, aliás, freqüentemente me deixa perplexo. (Cancello, 1980, p. 38)

O segundo artigo, de 1995, "A motivação para ser terapeuta", está na minha *home page*. Redigi o texto a pedido de uma aluna, para um trabalho de faculdade. Até hoje, é o escrito mais lido e comentado da página, por meio de *e-mails* ou de comunicações pessoais. Quinze anos depois, a estranheza da profissão continuava a me fustigar:

O que é "ser terapeuta"? Curar? Escrevi um livro inteiro para demonstrar que cura não é nada disso que se crê, com base no famoso modelo médico. Ser terapeuta deve ter algo a ver com fazer as pessoas mais felizes, ou, ao menos, fazê-las suportar melhor a infelicidade. Quem sabe, essa misteriosa profissão pode ser pensada em termos de extinguir condicionamentos indesejáveis. Ou tornar a vida dos outros mais significativa? Ou tantas outras coisas?

Seja lá como for, "ser terapeuta" insere-se numa das cenas mais antigas da humanidade, aquela em que um indivíduo senta-se em frente ao outro para, falando, aliviar os seus males. Supõe-se que aquele que escuta e, eventualmente, palpita, seja detentor de um conhecimento da alma humana, ou coisa parecida. (Cancello, 1995, s/p)

Um terceiro escrito está no meu livro *A carne e o sonho*, de 2000. O conto "Grupo de estudos" (Cancello, 2000, p. 31) ressalta algumas características jocosas das reuniões de estudiosos da área psi.

O espanto ante o fenômeno é tido como a origem do filosofar, e tal afirmação é encontrada em Aristóteles[1]. A mesma perplexidade orienta o olhar fenomenológico para o ensino e a

---

1. "[...] foi pela *admiração* que os homens começaram a filosofar tanto no princípio como agora; *perplexos*, de início, ante as dificuldades mais óbvias, avançaram pouco a pouco e enunciaram problemas a respeito das maiores, como os fenômenos da Lua, do Sol e das estrelas, assim como a

prática da psicoterapia. Cabe, no entanto, evocando Heidegger, delinear com mais precisão o conceito:

> O espanto é, enquanto *páthos*, a *arkhé* da filosofia. Devemos compreender, em seu pleno sentido, a palavra grega *arkhé*. Designa aquilo de onde algo surge. [...] a *arkhé* torna-se aquilo que é expresso pelo verbo *arkhein*, o que impera [...] o espanto é *arkhé* – ele perpassa qualquer passo da filosofia. O espanto é *páthos*. Traduzimos habitualmente *páthos* por paixão, turbilhão afetivo. Mas *pháthos* remonta a *páskhein*, sofrer, agüentar, suportar, tolerar, deixar-se levar por, deixar-se con-vocar[2] por. No espanto detemo-nos (*être en arrêt*). [...] O espanto também não se esgota neste retroceder diante do ser do ente, mas no próprio ato de retroceder e manter-se em suspenso é ao mesmo tempo atraído e como que fascinado por aquilo diante do que recua. (1971, pp. 36-7)

Embora não seja minha intenção rastrear cada termo *des origines a nos jours*, este remeter o *espanto* – aqui sinônimo de perplexidade – aos verbos "suportar" e "tolerar" é uma construção decisiva para que se desvele o espírito da pesquisa. As atitudes de espanto, perplexidade, "deixar-se con-vocar por", suportar, "deter-se junto" são constituintes da postura fenomenológica.

---

gênese do universo. E o homem que é tomado de *perplexidade* e *admiração* julga-se ignorante (por isso o amigo dos mitos é, em certo sentido, um filósofo, pois também o mito é tecido de maravilhas); portanto, como filosofavam para fugir da ignorância, é evidente que buscavam a ciência a fim de saber, e não com uma finalidade utilitária". (*Aristóteles*, 1990, pp. 10-30; grifos nossos).

2. O hífen em con-vocar explicita a etimologia: ser chamado (vocar) junto a (con-).

É longo o caminho do psicólogo psicoterapeuta. Não conheço nenhuma outra atividade que necessite, para que o profissional seja formado, de tantas etapas: curso universitário, estágio supervisionado, psicoterapia pessoal, supervisão, cursos diversos em sociedades ou associações de psicoterapia, *workshops* etc. Os grupos de estudos também integram essa lista, embora não sejam uma passagem necessária. Como será visto, no entanto, dificilmente o psicólogo psicoterapeuta deixou de freqüentá-los. E mais: considera-os fundamentais para sua formação.

Cabe aqui uma pergunta: por que outras profissões não têm o hábito de se reunir em grupos de estudos? Essa é uma questão que me intriga; não tenho resposta, mas uma esperança. Penso que advogados, engenheiros, fisioterapeutas, historiadores, lingüistas e toda a imensa gama de trabalhadores intelectuais que a sociedade moderna gerou poderiam se beneficiar se estudassem da maneira descrita nestas páginas. Talvez seja muito pretensioso propor tarefas em seara alheia. Mas me ocorre que já existiram as guildas, associações de mutualidade formadas na Idade Média entre as corporações de artistas, negociantes ou operários. Embora não tenha sido sua finalidade original, ali conviviam mestres e discípulos, formando centros de convivência e aprendizagem. Dali surgiram as primeiras universidades. Com a institucionalização do ensino e o advento da burocracia e do controle, os primeiros transformaram-se em professores, distanciando-se dos aprendizes, que são os alunos de hoje. Este trabalho recupera o significado da convivência entre os dois atores essenciais ao ensino, evocando, em outras circunstâncias históricas, as figuras de mestre e discípulo. O estudo em grupos informais aparece como um ambiente adequado para tal reencontro.

Diante das muitas observações, conversas com colegas, leituras e longas divagações compartilhadas com os participantes dos "meus" grupos de estudos, fui delineando algumas características próprias desse curioso tipo de agregação humana. Escolhi o tema para elaborar uma dissertação de mestrado, agora transformada em livro. Será um recurso para suportar a perplexidade? Vejo que "escolher" não é o melhor verbo; diria, antes, que o assunto se impôs. Algum mal-estar, porém, acompanha-me na tarefa. Foucault (2001, p. 171) chama de genealogia "o acoplamento do conhecimento com as memórias locais, que permite a constituição de um saber histórico das lutas e a utilização deste saber nas táticas atuais". Estaremos atentos a esse conceito ao entrevistar psicólogos que passaram por grupos de estudos. É ainda o filósofo francês quem faz o questionamento:

> E, a partir do momento em que se extraem fragmentos da genealogia e se coloca em circulação estes elementos de saber que se procurou desenterrar, não correm eles o risco de serem recodificados, recolonizados pelo discurso unitário que, depois de tê-los desqualificado e ignorado quando apareceram, estão agora prontos a anexá-los ao seu próprio discurso e a seus efeitos de saber e poder? (Foucault, p. 173)

Gostaria de tecer breve comentário sobre o trazer para a universidade aquilo que se passa fora dela, que tem características opostas ao ensino institucionalizado e, de certa forma, a ele se opõe. Não pretendo, em momento algum, "domesticar" as iniciativas espontâneas dos psicólogos na procura informal de seu conhecimento. O objetivo também não é questionar as lacunas da Academia. Creio que as duas formas de aprendizagem convivem e se completam. O perigo reside na supremacia de uma sobre a outra. Prossigo o pensamento com uma consideração de ordem pessoal.

Durante as ricas experiências que percorri no curso de Psicologia, e mesmo depois de formado, não me lembro, em momento algum, de ter me preocupado com certificados escritos. Naqueles anos pré-gestão de Paulo Renato no Ministério da Educação[3], os títulos de mestrado e doutorado não eram tão importantes para as faculdades particulares e confessionais, ou eu não os percebia como elementos fundamentais para a minha permanência na universidade. Professores ou não, estudávamos pelo saber, descuidados da hierarquia institucional. Essa é uma das características básicas do tema que investigaremos. Receio que, no afã de conseguir títulos, os recém-formados de hoje não se interessem tanto por um tipo de formação que valoriza antes o conhecimento que a pontuação curricular. Resgatar a importância desse tipo de aprendizagem é a principal justificativa do trabalho que ora se inicia.

Venho da tradição da psicologia clínica e escrevo, hoje, este livro sobre um tema de educação. Mas o assunto prende-se à educação para a clínica e fornece subsídios para um diagnóstico clínico da educação. No dizer de Larrosa, as práticas pedagógicas aproximam-se cada vez mais das práticas terapêuticas, tendo com estas similitudes estruturais significativas.

---

3. Paulo Renato Souza foi Ministro da Educação no governo de Fernando Henrique Cardoso, de 1º de janeiro de 1995 a 1º de janeiro de 2003.

E segue, introduzindo o tema da formação, importante componente do nosso trabalho:

> E a antropologia contemporânea, ou melhor, o que hoje conta como antropologia, para além dos discursos sábios que se abrigam sob esse rótulo, na medida em que estabelece o que significa ser humano, não pode separar-se do modo como o dispositivo pedagógico/terapêutico define e constrói o que é ser uma pessoa formada e sã (e, no mesmo movimento, define e constrói também o que é uma pessoa ainda não formada e insana).[4] (Larrosa, 2002, p. 40)

Das entrevistas, foram surgindo as características que deram título ao trabalho. É preciso notar, no entanto, que os depoentes forneceram dados de dois tipos. Um deles prende-se mais à dimensão subjetiva, como se nota ao ouvi-los falar sobre a importância dos mestres em sua formação. Temos, aqui, uma escuta que se aproxima da clínica. Outra espécie de informação aparece quando os psicólogos discorrem sobre a sistemática de estudo dos grupos a que pertenceram, impondo-se a escuta do pesquisador em educação. Não se trata de uma "amostra" de seis profissionais, pois se comportam, agora, como os informantes da

---

4. A aproximação entre pedagogia e alguma forma de terapia não parece ser tão recente como o quer Larrosa. Discorrendo sobre o cuidado de si nas culturas antigas, em especial em Roma, Foucault escreve: "Aliás, essas diferentes funções, a de professor, a de guia, a de conselheiro e a de confidente pessoal não eram sempre distintas, muito pelo contrário: na prática da cultura de si, os papéis eram, freqüentemente, intercambiáveis e podiam ser alternadamente desempenhados pela primeira pessoa" (Foucault, 1999, p. 58).

investigação das ciências sociais, em especial a antropologia. Aqui, "os 'informantes' são cuidadosamente escolhidos conforme critérios (muitas vezes estatísticos) formulados de antemão; devem ser 'representativos' das categorias analíticas (e/ou tipos ideais) usadas na formulação inicial do problema" (Fonseca, 1999, p. 60). O autor faz notar, ainda, que "O particular é usado para ilustrar ou testar alguma afirmação geral", postulado essencial para a validade de uma pesquisa qualitativa.

A relevância da atuação profissional dos entrevistados foi o critério escolhido, como será exposto com maiores minúcias na seção metodológica. Importa ressaltar, neste momento, a interação constante entre a atmosfera clínica e a educacional, imposta pela natureza do trabalho e, segundo Larrosa, pela aproximação que a história vem trazendo (novamente) aos dois campos de atuação humana.

Vamos então esquadrinhar os grupos de estudos dos psicólogos psicoterapeutas, um dispositivo pedagógico bastante peculiar, e saber como eles tecem a formação de seus membros.

POR QUE ESTUDAR OS GRUPOS DE ESTUDOS?

A importância dos grupos de estudos (daqui por diante grafados também como GES) para a formação dos terapeutas foi a observação original que motivou nossa pesquisa. Como se verá nas entrevistas feitas para o trabalho, todos os psicólogos disseram que, para a sua formação, os GES foram "decisivos", "fundamentais", "mais importantes que a faculdade" e expressões do mesmo jaez. Fizeram tais afirmações com vigor, com aquele jeito forte que obriga a uma anotação no caderno de campo. Essa resposta era esperada, confirmando nossa visão sobre o tema, nesses tantos anos de prática profissional e ensino. Sempre nos chamou a atenção, também, a falta quase total de literatura sobre uma prática tão básica para os psicólogos psicoterapeutas. O que estaria acontecendo? Seriam a ênfase esperada quanto ao assunto e a ausência de publicações sobre o tema características de uma trajetória *informal*[5]?

Nota-se também, desde as respostas aos questionários iniciais (ver tabela na p. 61), que os profissionais passaram por diversos GES, embora alguns tenham permanecido muitos anos fiéis a um só agrupamento. A ausência de "regras" para a entrada e saída de tal modalidade de estudo chama a atenção nas entrevistas. Ao que parece, em dado tempo de participação, algo se esgota e outras paragens são procuradas. Será essa a propriedade de uma viagem informal e *nômade*?

Outra reação, esta também prevista por observações anteriores, referiu-se à figura do orientador, em alguns momentos chamado de mestre, por sua relevância para os participantes dos GES. Cada qual elegeu uma figura exemplar, dentre os muitos condutores de grupos com que tiveram contato. E todos falam dessa pessoa com muito respeito e admiração, como se louvavam os professores de antigamente, antes que a sociedade do espetáculo tentasse transformar os docentes em *showmen*. Isso sugere que os GES, numa perspectiva axiológica, são afeitos à

---

5. Para a formulação desta pergunta e das perguntas seguintes, bem como para a elucidação dos objetivos da pesquisa, guiamo-nos pelas recomendações de Luna (2000), esp. pp. 30-7.

"valorização da autoridade do professor [...] que, por sua dedicação aos valores do conhecimento, tem sua competência reconhecida e autoridade garantida" (Silva, 2000, p. 89). Desenhar-se-ia aqui, em meio à informalidade e ao nomadismo, uma característica *tradicional*?

Houve, ainda, um ponto inesperado, que necessita de apoio teórico para ser descrito. As formulações de Foucault (2001) e Critelli (1996) foram cruciais para a compreensão dos dados, além dos textos de Larrosa (2002). Trata-se da *constituição do sujeito psicoterapeuta* como integrante dos GEs. As pessoas *aprendem* a participar do grupo. O contato com os colegas e o tipo de acolhimento, a escuta e as intervenções do orientador são decisivos. No limite, com o tempo, tal aprendizado produzirá modificações substantivas no participante. Dando suporte aos adjetivos antes cunhados — "informal", "nômade" e "tradicional" —, podemos chamar este processo de *formação,* conceito que aparecerá diversas vezes neste trabalho.

Há um estranhamento em descrever um fenômeno com as palavras "informal", "nômade" e "tradicional". Os dois primeiros termos parecem contraditórios perante o terceiro. Para um enfoque inicial, utilizando aqui uma dicotomia *démodé*, diríamos que os GEs são *informais* e *nômades* na forma e *tradicionais* no conteúdo.

Podemos, ainda, tentar outra aproximação aos três adjetivos escolhidos para o título. Os GEs situam-se e funcionam num espaço *informal*, não codificado. *Nômades*, os psicólogos transitam por eles, encontrando aí formas de ensino em grande parte *tradicionais*.

Este é um estudo exploratório. Algumas impressões prévias, a importância dos GEs e sua ausência nas publicações do saber "oficial", bem como a força da figura dos mestres, estavam desde o início na mira do pesquisador. No caminho, no entanto, outras paisagens deram-se a conhecer, dignas de ser anexadas ao álbum que se pretendia compor: o nomadismo e a "transformação formativa" dos sujeitos. De acordo com as premissas que descreveremos ao tratar do método fenomenológico, não eram metas da investigação, mas passaram a sê-lo no decorrer do processo. Impuseram-se como tais.

Para ressaltar a importância dos GEs na formação ampla do psicólogo psicoterapeuta, seguiremos o percurso de seus participantes, segundo as linhas que os guiaram, em sua informalidade e nomadismo. No decorrer da tarefa veremos emergir a figura do mestre como referência fundamental para a formação e modelo de atuações profissional e humana.

Esboçaremos também, no final do trabalho, alguma indagação sobre o silêncio oficial das publicações psicológicas ao (não) tratarem de tema de vital importância.

PERCURSO

Vamos anunciar o caminho do texto.

Em primeiro lugar visitaremos os métodos de pesquisa disponíveis para a pesquisa qualitativa. Justificaremos a escolha do método fenomenológico como a abordagem mais própria para acolher o tema do livro.

A seguir, no segundo capítulo, percorreremos os diversos aspectos de nosso objeto, os grupos de estudos formados pelos psicólogos psicoterapeutas. Descreveremos dois tipos de grupo, por apresentarem algumas diferenças em sua forma de funcionamento. Oporemos os grupos às formas constituídas e institucionalizadas de aquisição e manutenção do saber e do poder numa sociedade, com apoio no conceito de "poder disciplinar", de Michel Foucault.

No terceiro capítulo vamo-nos deter no processo da pesquisa. Apresentaremos o questionário inicialmente aplicado a psicólogos escolhidos, bem como os critérios dessa escolha. Trataremos de justificar a inclusão de cada pergunta e tecer os primeiros comentários sobre as respostas obtidas. Em outro item seguiremos o mesmo procedimento, enfocando agora as entrevistas.

Nosso próximo passo, no quarto capítulo, será ouvir os depoimentos de seis psicólogos psicoterapeutas, cada um afeito a uma linha de trabalho. O conceito de unidade de significado aparece como fio condutor de nossa escuta. Serão apreciados os aspectos informal, nômade e tradicional dos grupos e de seus membros. Em "Postura, formação, identidade" o cerne do trabalho se destaca. Ali serão postos em evidência os modos de subjetivação a que os membros dos grupos de estudos estão submetidos. Procuraremos desvelar, com base nas entrevistas, como se constitui a identidade do psicoterapeuta.

As "Considerações finais" darão seguimento à questão da identidade, privilegiando agora uma visão teórica, ancorada no conceito de *a-letheia*. Caberá então uma síntese do que foi trabalhado até este ponto. Nas "Conclusões" serão comentadas as semelhanças e diferenças entre os diversos grupos de estudos, permitindo que algumas considerações pessoais encerrem o percurso.

Os temas de que o texto vai tratar aparecerão em dado capítulo ou item para ressurgir, mais tarde, em outro lugar, sob nova luz. O desvelamento/ocultamento dos fenômenos é próprio do método escolhido; o primeiro capítulo deixará claras as bases de tal alternância. Um círculo se forma e se re-forma entre as formulações teóricas, os dados da entrevista, os depoimentos dos entrevistados e as diversas observações que assaltam o pesquisador nas muitas etapas da pesquisa e da escritura. Esperamos que a compressão possa emergir dessa roda-viva.

Alternaremos com certa liberdade o plural majestático, o sujeito indeterminado e as referências ao "pesquisador". Visamos tornar a leitura menos repetitiva e mais agradável.

.1.

Como pesquisar?

Neste momento do trabalho, vamos introduzir a questão do método de maneira bastante geral, abarcando inicialmente um panorama histórico muito amplo, particularizando depois nossa opção por um dos procedimentos. Os parágrafos seguintes têm como objetivo apenas esboçar a vastidão das referências possíveis para aquele que pretende eleger um modo de fazer pesquisa apropriado a seu objeto de estudo.

De modo geral, lê-se nos manuais disponíveis que três métodos hoje se impõem na pesquisa educacional: o positivista, o dialético e o fenomenológico.

Sabemos que o positivismo tem suas raízes em Descartes, passa pelo nascimento das ciências positivas com Galileu e Newton, encontra formulações de princípio em Bacon e nos empiristas, até chegar a Karl Popper e outros tantos filósofos. A dialética, por sua vez, recebe o formato moderno em Hegel, é reformada por Marx, encontrando ainda um sem-número de escritos em outros autores[6]. Husserl funda a fenomenologia em

---

6. Ver, por exemplo, Bornheim, 1977.

oposição ao mecanicismo reinante, Heidegger a despe do conceito de consciência em *Ser e tempo* (1988), nos §§ 7º e 55[7]. Inicialmente um assunto eminentemente filosófico, é apropriada pela psiquiatria européia com Jaspers, Strauss, Minkowski e Boss[8]. A partir das últimas décadas do século XX, a fenomenologia passou a freqüentar as pesquisas em educação, como uma das fundamentações teórico-epistemológicas mais apropriadas à pesquisa qualitativa[9]. Que nos seja perdoado um esboço tão condensado. Trata-se apenas de fazer saltar aos olhos a profusão de autores e idéias que deram forma às modernas orientações deste ramo das ciências humanas.

Dificilmente alguém terá familiaridade com toda a trajetória dos três métodos. A leitura atenta de um só dos filósofos originais é quase tarefa de uma vida[10]. O que nos chegam são resumos, modos derivados, depurados de seus fundamentos, transformados, por assim dizer, em procedimentos de coleta e análise de dados. Não por acaso, discute-se mesmo se a fenomenologia, por exemplo, pode gerar algo que se chame de "método" de pesquisa.

Como resolver o impasse? Qual a abordagem adequada ao tema que nos compete? Entre a primeira formulação dos con-

---

7. Sobre este assunto, ver também Nunes, 2002, pp. 56-7.
8. Ver, por exemplo, May; Angel; Ellenberger *apud* Binswanger, 1958.
9. Ver, por exemplo, Bogdan; Biklen, 1994.
10. "Husserl, sob pressão do domínio nazista, teve de abandonar sua cátedra em Friburgo. Morre em 1938. R. P. van Breda, seu aluno, temendo o anti-semitismo hitleriano, transporta clandestinamente para Lovaina, onde era professor, a biblioteca e as obras inéditas de Husserl. Os Arquivos Edmond Husserl, instalados em Lovaina, *catalogam trinta mil páginas de inéditos*, muitos deles estenografados, e prosseguem na publicação das obras completas [...]" (Lyotard, 1967, p. 14, nota de rodapé; grifos nossos).

ceitos que originaram o método e uma apresentação esquemática de procedimentos "práticos" há uma longa história. Algumas considerações darão condições de prosseguir o pensamento.

Antes da invenção da escrita, nas sociedades de transmissão oral, a "verdade" estava na volta às origens, no contar e recontar os mitos que fundaram os diversos modos de sobrevivência dos homens. Assim, curava-se uma doença recitando-se uma oração que evocava essa origem[11]. Aplacavam-se os cataclismos ou se comemorava o advento do verão com o mesmo recurso ao início mítico da organização social. Não por acaso, Pierre Lévy (1993, p. 127) elege o *círculo* como "figura de tempo" paradigmática dessas civilizações.

Dando um vasto salto histórico, vemos a *linha* se impor como nova figura. O advento da escrita, o avanço gerado pela invenção da imprensa e, posteriormente, o conceito de progresso trazem a fé no desenvolvimento contínuo, porém inovador, do fazer humano:

---

11. Assim Eliade descreve uma cerimônia curativa entre os navajos: "A cerimônia comporta também a execução de complexos desenhos na areia (*sand-paintings*) que simbolizam as diferentes etapas da criação e a história mítica dos deuses, dos antepassados e da humanidade. Esses desenhos (que curiosamente se parecem com os *mandalas* indo-tibetanos) reatualizam a seqüência dos acontecimentos que tiveram lugar *in illo tempore*. Ao escutar o relato do mito cosmogônico (seguido da narração dos mitos de origem) e contemplar os desenhos na areia, o enfermo se vê projetado fora do tempo e imerso na plenitude do Tempo primordial: 'retrocede' até a origem do mundo e deste modo assiste a cosmogonia. Com muita freqüência o paciente toma um banho no mesmo dia em que começa a narração do mito ou a execução dos *sand-paintings*; com efeito, também ele *volta a começar* sua vida, no sentido estrito do termo" (Eliade, 1959, p. 84).

[...] o conceito de história iluminista nasce do seu próprio presente, e aponta para um futuro diferente da simples repetição qualitativa do passado. É futuro aberto, ilimitado e desconhecido, como realização das potencialidades do presente: por isso, o tempo iluminista identifica-se com o conceito de progresso, do latim *progredior*, "ando gradualmente para a frente". Sucessão e razão, e também contínuo e subjetividade, o conceito de progresso é, talvez, a primeira determinação temporal propriamente histórica, moderna, no sentido de que a sua conceituação não pressupõe o divino, a teologia e as formas participativas da analogia. Sua invenção no século XVIII é, também por isso, a invenção do "mundo histórico", em que todo futuro é objeto de planificação, com a finalidade sempre alegada de realizar-se uma transformação qualitativa da vida. (Hansen, 1994, p. 40)

O tripé em que se apoiou a modernidade — o indivíduo, o mercado e a fé na tecnociência como alavanca do progresso (Lipovetski, 2004) —, em seu afã de dominar a natureza, multiplica de tal forma as possibilidades de apresentação e manipulação do mundo que torna impossível a uma só pessoa abarcar todo o conhecimento, mesmo em uma área restrita. A aceleração desse processo, com o surgir dos recursos provenientes da informática, acentuou tal impossibilidade, estilhaçando o conhecimento, dispersando a memória coletiva em milhões de "bases de dados". As figuras do tempo passam a ser os *segmentos* e os *pontos*, espelhando a fragmentação típica dos novos tempos (Lévy, 1993, p. 127). Alguns chamam esta época de pós-moderna[12].

---

12. "[...] Em síntese, a concepção, que expus em 'A Outr(a)idade do Mundo' (p. 59), e que mantenho até hoje, com algumas alterações, assim

Os três pólos da comunicação — oralidade, escrita e informática — estão presentes em nosso pensar. Vivemos premidos entre a segurança proporcionada pela palavra de nossos mestres, pela obsessão do enciclopedismo e sua interminável forma atual, a pesquisa bibliográfica exaustiva, e pela comodidade prática proporcionada pela procura do conhecimento por meio de palavra-chave, nos mecanismos de busca da internet.

Nos meandros dessas três instâncias alguns métodos deverão ser possíveis. Um dos precursores da revolução na psiquiatria, Ronald Laing, antes mesmo da informatização desenfreada, já expressava sua perplexidade em relação aos rumos do conhecimento. Dizia duvidar de seu bom senso; percebia que certas convicções o norteavam, mas perguntava-se de onde vinham; questionava seus valores:

> Sirvo a determinados valores, nem sempre com fidelidade ou constância, mas sinto-me ligado a eles, não posso fugir deles. Se sou incapaz de provar que estão corretos, não posso também provar que estejam errados. Não ofendem o meu bom senso, embora com

---

se delineia: 1) a idade moderna ou modernidade estende-se do Renascimento até por volta de meados do século XIX; 2) segue-se uma fase de transição e demolição ou desconstrução dos valores da modernidade, esta fase correspondendo àquilo que foi batizado de Modernismo nas artes, incluindo a música, literatura e arquitetura, vigente até por volta dos anos 1960 ou 1970 do nosso século; 3) sem uma demarcação de data muito bem definida, e muitas vezes superposta em relação ao modernismo (aliás, não há verdadeiramente uma separação entre ambos, conforme veremos mais adiante), inicia-se a idade pós-moderna ou pós-modernidade, a qual tem recebido várias denominações complementares, tais como era da informática, telemática, pós-cultura de massas, era pós-industrial, pós-histórica, etc." (Santaella, 1994, p. 26).

freqüência estejam em oposição ao que parecem ser meus interesses, e certamente as minhas inclinações, a curto prazo. Mas não as inclinações a longo prazo. Quero viver de maneira correta. Viver com correção não pode ser errado. Tem de haver um modo correto de viver. Esse modo deve estar de acordo com a natureza da vida e com a questão, seja ela qual for. (Laing, 1982, p. 160)

Surge então o problema da escolha do método de pesquisa, "de acordo com a vida e com a questão". Pós-modernos, já não nos atrevemos a chamá-lo de "correto"! Mas podemos procurar algo que nos satisfaça como acadêmicos, galgando certo patamar de conhecimento. Um filósofo contemporâneo, Taylor (1997, p. 82), pergunta: "Que melhor medida da realidade dispomos nos assuntos humanos do que os termos que, submetidos a reflexão crítica e depois da correção de erros que pudermos detectar, oferecerem o melhor sentido de nossa vida?"

O autor chama esse procedimento de Princípio da Melhor Descrição. Perseguiremos tal clareza ao estudar nosso tema.

Elaboramos a pesquisa em duas fases. Num primeiro momento, enviamos um questionário a 21 psicólogos já estabelecidos em sua prática clínica, ou seja, profissionais com um número expressivo de clientes, estabelecidos há mais de dez anos no mercado, ganhando parte significativa de seu sustento exercendo a psicoterapia. Procuramos terapeutas de abordagens teóricas diversas, pois é sabido que, nessa área, as tantas doutrinas conformam diferentes visões de mundo, mostrando uma provável diversidade de aproximações ao estudo da psicologia e da psicoterapia.

Num segundo momento, escolhemos seis psicoterapeutas, afeitos cada um a uma diferente linha de conduta, para fazer entrevistas em profundidade. Essa etapa teve por fim descrever em detalhes e realçar a plasticidade e significação dos dados "duros" obtidos no questionário.

Pensando por um ponto de vista ligado ao positivismo, é possível chamar a primeira fase de "coleta de dados", ficando a segunda parte como um aprofundamento e explicitação do material obtido.

Se considerarmos a investigação sob um enfoque dialético, podemos conceber os GES como uma antítese, algo que surge no mesmo meio em que grassam os cursos regulares de formação de terapeutas (que fariam as vezes da tese). É sempre bom lembrar que a dialética não se faz entre A e *contrário de* A. O movimento dialético dá-se entre A e *não-A*, este *não-A* surgindo de uma lei "natural" que regeria os fenômenos sociais. Neste caminho, portanto, os GES não surgiriam necessariamente de uma "oposição" ao ensino formal, mas por um fenômeno intrínseco ao meio microssocial dos psicólogos psicoterapeutas. Assim, os questionários podem ser vistos como uma forma de "congelar" o movimento, como se param os quadros de um filme para melhor analisar a cena. As entrevistas seriam o recurso para essa análise, como parece ser a tradição da história oral e da pesquisa qualitativa.

A escolha, no entanto, recaiu sobre a fenomenologia, como possibilidade privilegiada de abordar o tema de pesquisa. *Essa opção deve-se exclusivamente à maior familiaridade do autor com tal campo, notadamente em sua versão heideggeriana, por assim dizer.* Aqui, os questionários são concebidos como uma elucidação da *visão prévia* do tema, algo que o pesquisador já trazia consigo e agora vai explorar em detalhes. As entrevistas têm como objetivo fazer aparecer o mundo vivido dos participantes dos GEs, para que daí se possa avaliar a importância que esse tipo de estudo teve em sua formação como psicólogos psicoterapeutas.

A FENOMENOLOGIA COMO POSSIBILIDADE

Em nossa concepção, o máximo que é possível "extrair" da fenomenologia para propósito de escuta e apreciação de entrevistas é uma *atitude*, não propriamente um *método*. Uma postura que amaine a formação positivista e analítica. Algo que introduza uma brecha permanente na análise mecânica, por onde se possa vislumbrar um movimento ondulatório oculto pela dureza dos dados. A julgar pelo material disponível a este pesquisador, a fenomenologia constitui-se um método filosófico que só pode ser "aplicado" a um objeto onticamente definido (por exemplo, "A importância dos grupos de estudo") de forma derivada. Confundir as duas coisas é semelhante a identificar homologia com analogia, mapa com território, metáfora com realidade. Escrevendo sob um prisma filosófico, Heidegger esclarece:

> O modo de tratar esta questão é *fenomenológico*. [...] a expressão "fenomenologia" diz, antes de tudo, um *conceito de método*. Não caracteriza a qüididade real dos objetos da investigação filosófica mas o seu modo, *como* eles o são. Quanto maior a autenticidade de um conceito de método e quanto mais abrangente determinar o

movimento dos princípios de uma ciência, tanto maior a originariedade em que ele se radica numa discussão com as coisas em si mesmas e tanto mais se afastará do que chamamos de artifício técnico, tão numerosos em disciplinas teóricas. (1988, p. 57)

Isso sugere que não se "faz" uma *époché* sobre os dados, como se procede a uma operação mecânica ou estatística, ou mesmo lingüística ou interpretativa. A redução fenomenológica é algo que se "faz" sobre o pensamento, ou sobre a consciência; dizendo melhor, é algo que a consciência opera sobre si mesma:

> [...] a *époché*, tomada na etapa das *Ideen I*, tem uma significação dupla: de um lado negativa, porquanto isola a consciência como resíduo fenomenológico e é nesse nível que a análise eidética (isto é, ainda natural) da consciência se opera; por outro lado, positiva porque faz emergir a consciência como radicalidade absoluta. (Lyotard, 1967, p. 28)

Isso posto, não vemos sentido em elaborar um "método fenomenológico" que opere sobre os dados, esquematizando passos a serem seguidos pela investigação. Optamos por outro caminho.

A *atitude* fenomenológica deixa os dados falarem por si mesmos, assemelhando-se à associação livre psicanalítica. (Isso não é uma homologia; é uma analogia!) Há de se ter tempo, aproximar-se do fenômeno, *suportar o inconcluso, renunciando-se a estabelecer nexos causais imediatistas*, e deixar que, da multiplicidade que se apresenta ao pesquisador, surja um todo compreensível, a ponto de ser apreendido pelo sujeito e dito pela linguagem. Lembremo-nos do núcleo de uma citação anterior: o espanto é *páthos*, que "remonta a *páskhein*, sofrer, *agüentar*, *suportar*, tolerar, deixar-se levar por, deixar-se con-vocar por" (Heidegger, 1971, pp. 36-7; grifos nossos em *agüentar* e *suportar*).

Um famoso psiquiatra de orientação fenomenológica nota que o conceito de fenomenologia sofreu mudanças ao migrar da filosofia para outras disciplinas. Distingue entre a fenomenologia de Husserl, em sua apresentação estritamente filosófica, e "a interpretação fenomenológica das formas de existência humana como disciplina empírica". Esclarece, no entanto, que o conhecimento das bases husserlianas é o fundamento dessa última formulação. A seguir, faz uma observação importante, já contida em germe nas considerações de Heidegger sobre o espanto:

> Neste rumo podemos ser guiados, para mencionar apenas um fator, por abster-nos do que Flaubert chamou de *la rage de vouloir conclure*[13], ou seja, por superar nossa necessidade premente de tirar conclusões, de formar uma opinião ou emitir julgamentos – uma tarefa que, à luz do treino natural-científico unilateral do nosso intelecto, não pode ser considerada fácil. (Binswanger, 1958, p. 192)

Dentre os milhares de assuntos que o mundo torna disponíveis, alguns saltam aos olhos do estudioso. Não é "qualquer" recorte da realidade que é dado à compreensão. O pesquisador, muito antes de definir seu objeto, foi por ele seduzido. Uma idéia, uma atração não tematizada, um fascínio ainda não explicita-

---

13. "O furor de querer concluir". Em francês no original.

do, uma disposição de ânimo; de algum modo, o objeto de investigação veio ao seu encontro, e daí partiu para ter contornos mais definidos. No dizer de Heidegger (1988, p. 207), "A interpretação sempre se funda numa *visão prévia*, que 'recorta' o que foi assumido na posição prévia, segundo uma possibilidade determinada de interpretação". A compreensão já está aí desde o início: a investigação vai dotá-la do aparato conceitual e formal adequado ao veículo e ao meio em que deverá se tornar pública. Grácio (1990, p. 24) esclarece: "[...] toda a compreensão se opera com base numa antecipação prévia de sentido, ou a partir de uma pré-compreensão, podendo, pois, dizer-se que mesmo o próprio ver antepredicativo é sempre já uma compreensão que se explicita".

Nesse movimento, a cada instante, a cada visada do objeto, algo pode mudar. Aspectos novos desentranham-se da impressão turva do início do processo, alterando a percepção do pesquisador, exigindo ajustes do método de investigação. O apoio teórico a essa asserção é dado por Heidegger:

> A interpretação fenomenológica deve oferecer para a própria presença a possibilidade de uma abertura originária e, ao mesmo tempo, da própria pre-sença interpretar a si própria. Ela apenas acompanha essa abertura para conceituar existencialmente o conteúdo fenomenal do que assim se abre. (Heidegger, 1988, p. 194)

"Pre-sença" é a tradução em português de *dasein*, o modo do ser cuja essência está em sua existência, conforme está escrito no famoso § 9º de *Ser e tempo: nós mesmos*. Heidegger sugere, nesta passagem, que o homem, ao re-conceituar o mundo que se abre a cada instante, interpreta-se a si mesmo, ou seja, modifica-se junto com o objeto continuamente revisto. A isso voltaremos ao tratarmos da formação dos sujeitos nos GES. Neste momento, interessa-nos apenas a questão metodológica.

A circularidade do método, reajustando a visão prévia a cada percorrer sobre seu objeto, num contínuo processo de *feedback*, é comentada por Figueiredo (2000, p. 34), definindo o círculo hermenêutico. Diz o autor: "É necessário que o esclarecimento do sentido seja simultâneo à elaboração do instrumental (regras e conceitos de interpretação); ao mesmo tempo deve-se decifrar e construir o código da decifração", opondo-se à visão tradicional de um código sempre definido previamente. Assim deve ser para que o significado da mensagem seja alcançado pela interpretação

> e não seja nem uma redução da mensagem a esquemas formais pré-definidos nem uma construção arbitrária a sabor dos vieses do intérprete. *Não se pode dar um único passo interpretativo sem que exista um esboço de código, que nada mais é que a operacionalização de uma antecipação de compreensão.* (Figueiredo, 2000, p. 34; grifos nossos)

Claro que aí reside o perigo aparente de confirmar, com seus próprios dados, hipóteses anteriormente formuladas. A diferença é que não se trata de formulação de hipóteses no sentido de perseguir uma confirmação dedutiva, como num modelo mecânico. Trata-se de um re-arranjar os dados em busca de uma compreensão cada vez mais ampla e significativa.

[...] *ver nesse círculo um vício, buscar caminhos para evitá-lo e também "senti-lo" apenas como imperfeição inevitável, significa um mal-entendido de princípio acerca do que é compreensão.* [...] O decisivo não é sair do círculo mas entrar no círculo de modo adequado. Esse círculo da compreensão não é um cerco em que se movimentasse qualquer tipo de conhecimento. Ele exprime a estrutura prévia existencial, própria da pre-sença. (Heidegger, 1988, p. 210; grifos no original)

Isso nos remete ao fato de que as estruturas prévias não são "propriedades" de *dasein*, daquele que pesquisa; são modos de ser desse ente, seus elementos constituintes, algo de que ele não pode escapar. Assim é a compreensão circular aqui definida e defendida.

Ouvimos, de nossos depoentes, o relato de sua participação em GES, assunto que desde há muito nos ocupava e tema comum aos interlocutores. No decorrer da conversa, os entrevistados produziram um discurso vívido sobre sua inserção nos grupos, às vezes com o olhar perdido, como se "vissem" as cenas relatadas. "Dizer algo, de certa maneira, para alguém, numa tonalidade ou disposição de ânimo, nisso consiste o fenômeno do discurso em sua completa estrutura significativa" (Nunes, 2002, p. 21).

Imersos nesse universo de sons articulados em tons e fonemas, observando faces e gestos, acompanhando o pensamento em sua trajetória circular (ou espiralada?), resistindo a cada instante a *la rage de vouloir conclure,* deixaremos que se mostre o sentido da investigação. Assim nos colocaremos à disposição dos depoentes, atentos ao previamente esperado e ao brotar do novo, tentando "fazer ciência como quem a recria a cada instante" (Cancello, 2000, p. 21).

O mundo vem ao encontro do pesquisador, anunciou-se de certa forma e será depois enunciado.

[...] a lógica da enunciação é sempre já derivada relativamente a uma outra lógica mais originária que é a lógica da anunciação. [...] É por isso também que um pensamento hermenêutico substitui o modelo da visão pelo modelo auditivo. (Grácio, 1990, p. 27)

É esse anunciar o mundo que ouvimos nas entrevistas, e que a investigação busca enunciar, para que possa ser desvelado, em suas tantas manifestações, nosso objeto de estudo (já previamente dado ao pesquisador): as características dos grupos de estudos e sua relevância para a formação do psicólogo psicoterapeuta.

As entrevistas mostram que os GEs constituíram-se como saberes paralelos ao saber oficial, tanto nas sociedades de psicoterapia (sociedades de psicanálise, junguiana etc.) como nas universidades. São descontínuos, desqualificados, não legitimados, pois não têm programas padronizados e não fornecem diplomas ou certificados. Surgem como necessidade de apurar uma forma de saber não contemplado por outras instâncias. Têm um ritmo próprio, impossível de ser conciliado com prazos estabelecidos, necessários ao funcionamento dos sistemas formais; muitas vezes abstêm-se de produzir registros escritos, resistindo, assim, à ordenação e à hierarquização tais como dadas pela "ciência oficial". Os participantes encontraram seus GEs das maneiras mais variadas possíveis, não havendo um modo padrão de se filiar a esse tipo de grupo.

Por essas características, por ser um sistema que se configura "de baixo para cima", à revelia do saber institucionalizado, os GES prestam-se ainda a uma análise genealógica, nos termos foucaultianos. Por genealogia, não entendemos propriamente um método nem uma atitude, mas um ponto de vista, a lente pela qual o objeto de estudo será focado. Foucault (2001, p. 171) define o termo: "Chamemos provisoriamente genealogia o acoplamento do conhecimento com as memórias locais, que permite a constituição de um saber histórico das lutas e a utilização deste saber nas táticas atuais". Mais adiante, precisa o conceito:

> Trata-se de ativar saberes locais, descontínuos, desqualificados, não legitimados, contra a instância teórica unitária que pretenderia depurá-los, hierarquizá-los, ordená-los em nome de um conhecimento verdadeiro, em nome dos direitos de uma ciência detida por alguns. (Foucault, 2001, p. 171)

Centrados na atitude fenomenológica e na lente da genealogia, procuraremos caracterizar nosso objeto de estudo no próximo capítulo, trazendo ao leitor sua importância na vivência dos psicólogos, evitando a cada passo reificá-lo num acadêmico esquema tradicional.

. 2 .

Conhecendo os grupos

A maioria das escolas de psicoterapia considera que o psicólogo psicoterapeuta, como parte de seu aprendizado, deve submeter-se a um processo psicoterápico, algumas vezes denominando tal recomendação de "terapia didática". Além disso, é sugerido que discuta seus atendimentos com um profissional mais experiente, chamado de supervisor. Deve, também, proceder a estudos teóricos. Essas três atividades são mesmo exigidas na maioria dos cursos de formação e têm uma história que se imbrica com o percurso da psicanálise. Os critérios das diferentes sociedades "podem variar em detalhes, mas são unânimes nas exigências que repousam sobre um tripé de formação: análise pessoal, estudo teórico e análise da clínica ou supervisão" (Peres, s/d, s/p).

Além disso, nota-se que os psicólogos psicoterapeutas agrupam-se fora das instituições para estudar pontos relativos às suas abordagens teóricas, ou mesmo outros assuntos relacionados à sua atividade. Reúnem-se nos consultórios particulares ou na residência de algum deles, em geral do orientador. Numa visão prévia, podemos atribuir aos GES as seguintes características:

1. Aglutinação em torno de uma orientação teórica
2. Aglutinação em torno de um orientador
3. Periodicidade dos encontros
4. Inexistência de certificados de conclusão de curso
5. Ausência de filiação a sociedades internacionais
6. Inexistência de controle formal (não há registro de presença, número de horas rígido para completar etapas, avaliação etc.)
7. Tempo de duração indeterminado *na maioria dos grupos*
8. Inexistência de estatutos e/ou registros escritos *na maioria dos grupos*

DOIS TIPOS DE GRUPOS DE ESTUDOS

Dividiremos os GEs pesquisados em dois subtipos, em relação a algumas variações observadas na condução dos estudos.

Os grupos do tipo 1 compreendem as abordagens psicanalíticas, junguianas e fenomenológico-existenciais.

Os grupos do tipo 2 compreendem as abordagens psicodramática, comportamental e corporal. *Tais tendências dificilmente caberiam em uma mesma categoria.* Estão aqui agrupadas para os fins muito específicos desta pesquisa, diferenciando-se pela maneira como é estruturada a condução dos estudos em seus GEs, dentro do universo limitado que investigamos.

Verificamos que os psicólogos de todos os GEs, qualquer que seja o tipo, apresentam a característica do nomadismo. Vagueiam pelos espaços psi, demoram-se diferentes tempos em cada grupo, até encontrar um lugar que lhes faça sentido.

A informalidade é maior no tipo 1. Nenhum dos grupos pesquisados nessa categoria tem uma data predeterminada para a finalização dos estudos, nem pretende apresentar um trabalho em alguma etapa de seu transcurso. Em alguns grupos de tipo 2, no entanto, vemos aparecer certo grau de formalização, como registros escritos, elaboração de textos ou tempo marcado para seu final. Como veremos nas entrevistas, mesmo essas regras são bastante elásticas.

A relação com o orientador também apresenta diferenças. No tipo 1, a relação com a figura do orientador é mais forte. A personalidade do mestre é levada em conta de maneira enfática. Esses grupos aproximam-se do que Figueiredo denomina "matrizes românticas" do pensamento psicológico:

> [...] enquanto matrizes do pensamento psicológico, elas se inscrevem numa problemática instaurada pelo romantismo: a problemática da expressão. O que as unifica é visar – mediante os mais diversos procedimentos – a experiência humana inserida no universo cultural, estruturada e definida por ele, manifesta simbolicamente. Diante dos fenômenos vitais de natureza *expressiva* coloca-se a exigência de compreensão, que se converte em interpretação quando a compreensão imediata é bloqueada. (2000, p. 33)

O aluno busca algo mais que o conhecimento técnico ou objetivo, procura uma transformação interior, por assim dizer. Novamente, Figueiredo (*ibidem*, p. 32) aponta que "o sujeito, por não se reconhecer na sua ciência, na imagem que lhe devolve o espelho científico, desiste de obter de si uma imagem refletida". O conhecimento que o autor denomina "da vida pela vida e do espírito pelo espírito" prevalece e dá o tom do conceito de que é preciso se aproximar e se apropriar.

Não basta, na condução destes discípulos, que o orientador conheça teoria e técnica. Tal saber não faria sentido se ele não fosse, de algum modo, uma pessoa especial. "No lugar do interesse tecnológico domina aqui o interesse estético, contemplativo e apaixonado, em que se anulam as diferenças entre sujeito e objeto do conhecimento e a diferença entre ser e conhecer" (*ibidem*, p. 32).

Nos grupos do tipo 2 é dada grande importância ao conhecimento técnico e teórico do orientador, mas não há tanta ênfase em suas características de personalidade que extrapolem a situação de aprendizado. Mesmo nesses casos, porém, nota-se uma grande admiração dos participantes pelas figuras que lhes serviram de guia no exercício dos procedimentos e no saber profissional.

GRUPOS DE ESTUDOS E PODER DISCIPLINAR

É interessante opor o formato geral dos GES ao que Foucault descreveu como "poder disciplinar". Vamos permitir que quatro citações um tanto longas, elaboradas por Machado, definam os pontos básicos de tal conceito:

> Em primeiro lugar, a disciplina é um tipo de organização do espaço. É uma técnica de distribuição dos indivíduos através da inserção dos corpos em um espaço individualizado, classificatório, combinatório. Isola em um espaço fechado, esquadrinhado, hierarquizado,

capaz de desempenhar funções diferentes segundo o objetivo específico que dele se exige. Mas, como as relações de poder disciplinar não necessitam necessariamente de espaço fechado para se realizar, é essa sua característica menos importante. (2001, p. XVII)

Embora seja "sua característica menos importante", notamos que os GES se constituem em lugares variados, não obedecendo a ditames preestabelecidos. Como já foi dito, podem se reunir nos consultórios dos seus orientadores, na casa de um dos participantes, em salas de entidades diversas.

Em segundo lugar, e mais fundamentalmente, a disciplina é um controle do tempo. Isto é, ela estabelece uma sujeição do corpo ao tempo, com o objetivo de produzir o máximo de rapidez e o máximo de eficácia. Neste sentido, não é basicamente o resultado de uma ação que lhe interessa, mas seu desenvolvimento. E esse controle minucioso das operações do corpo ela o realiza através da elaboração temporal do ato, da correlação de um gesto específico com o corpo que o produz e, finalmente, através da articulação do corpo com o objeto a ser manipulado. (Machado, 2001, p. XVII)

Em geral, as reuniões dos GES são regulares, em dias da semana e horas determinados, mas essa é a única sujeição temporal para o tipo 1. Os grupos podem ser formados em qualquer época do ano. Não têm prazo para acabar nem seqüência de leituras predeterminada. Freqüentemente, os membros entram em GES já iniciados, algumas vezes com anos de funcionamento.

Os GES do tipo 2 algumas vezes disciplinam o tempo, como aparece principalmente na transcrição da entrevista com a psicóloga ligada ao comportamentalismo. Mas isso se dá em cada reunião de estudos. Considerando-se a duração do grupo, vemos que ele se mantém e se prolonga, sem data definida para se dissolver.

> Em terceiro lugar, a vigilância é um de seus principais instrumentos de controle. Não uma vigilância que reconhecidamente se exerce de modo fragmentar e descontínuo; mas que é ou precisa ser vista pelos indivíduos que a ela estão expostos como contínua, perpétua, permanente; que não tenha limites, penetre nos lugares mais recônditos, esteja presente em toda a extensão do espaço. "Indiscreção" com respeito a quem ela se exerce que tem como correlato a maior "discreção" possível da parte de quem a exerce. Olhar invisível – como o do Panopticon de Bentham, que permite ver tudo permanentemente sem ser visto – que deve impregnar quem é vigiado de tal modo que este adquira de si mesmo a visão de quem o olha. (Machado, 2001, p. XVIII)

Este é um ponto delicado. Diremos que os GES não possuem uma vigilância formal, mas o olhar do orientador está presente. É uma vigilância moral, por assim dizer. Os membros dos GES procuram ter um desempenho que não decepcione o mestre, que têm em alta conta. Essa é, aliás, uma das características mais marcantes de nosso objeto de estudo, como fica evidenciado na leitura das entrevistas.

> Finalmente, (em quarto lugar) a disciplina implica um registro contínuo de conhecimento. Ao mesmo tempo que exerce um poder, produz um saber. O olhar que observa para controlar não é o mesmo que extrai, anota e transfere as informações para os pontos mais altos da hierarquia de poder? (Machado, 2001, p. XVIII)

Os GES do tipo 1 não possuem registros escritos ou gravados, nem "pontos mais altos na hierarquia de poder". A entrevista oral foi a forma de resgatarmos um pouco de sua história, pois não há material impresso das inúmeras reuniões desses grupos. Os GES do tipo 2 por vezes têm registros. Em um caso que estudamos, na entrevista com o terapeuta corporal, tais escritos tinham como finalidade compor um conjunto de conhecimentos e ficavam com os membros do grupo, depois da dissolução deste. Em outro caso, relativo ao psicodrama, o grupo produziu um trabalho para ser exposto em congresso. Mas em nenhum deles o registro "transfere as informações para os pontos mais altos da hierarquia de poder".

Pode-se constatar, também, para enfatizar a oposição de qualquer tipo de GE ao poder disciplinar, que inexistem formas de avaliação do desempenho dos participantes. O "exame", forma escrita tradicional de controle da produção intelectual dos alunos, passa ao largo de nosso objeto de investigação. Foucault (2000, p. 157) comenta: "O exame que coloca os indivíduos num campo de vigilância situa-os igualmente numa rede de anotações escritas; compromete-os em toda uma quantidade de documentos que os captam e os fixam". Além disso, o filósofo lembra que esses escritos ficam arquivados em um sistema de registro, peça essencial na estrutura disciplinar.

O exame hierarquiza, vigia, sanciona, "manifesta a sujeição dos que são percebidos como objetos e a objetivação dos que se sujeitam. A superposição das relações de poder e das de saber assume no exame todo o seu brilho visível" (Foucault, 2000, p. 154). Renunciando ao registro documental, os GEs esquivam-se também de controlar e hierarquizar seus membros, como faz uma escola tradicional, dando às reuniões o caráter "solto", descrito pelos psicólogos na conversa com o pesquisador.

As entrevistas nos mostram, ainda, a importância que os participantes dos GES dão à escuta do orientador e à participação dos colegas. Essa instância não estava presente no roteiro que fizemos de antemão para guiar as entrevistas, mas surgiu no decorrer da entrevista-piloto. Se existe aqui algum poder, ele está dirigido à formação e à confirmação da identidade dos sujeitos psicoterapeutas, que assim se constituem no seio dos GES.

Cabe aqui uma palavra sobre o tipo de envolvimento que os participantes têm com seus grupos. Falando com base na perspectiva da abordagem centrada na pessoa, Buys (1987, p. 30) assim descreve as diferenças entre GES, supervisão e atendimento, definindo, a seu modo, nosso objeto de estudo: "Ao grupo de estudos está reservado o estudo, principalmente em extensão, da teoria e das técnicas dela decorrentes, porém mantendo sempre um caráter de generalidade". Acrescenta que ali se evita a discussão de casos específicos, "o que fica melhor em reuniões didáticas, em sessões de estudo de casos etc.".

A tentativa de uma distinção formal, apesar de meritória, não traduz o que se verifica na prática. Ao falarem sobre sua participação nos GES, os entrevistados relatam as mais diversas formas de estruturação desses grupos. É freqüente que se ilustrem os aspectos teóricos com a exposição de casos, embora isso não caracterize uma supervisão. O mesmo autor, Buys, ao tecer considerações sobre a supervisão, diz: "Se se aproxima mais do grupo de estudos, distanciando-se do atendimento, tende a tornar-se muito intelectual, prejudicando-se nos aspectos experienciais" (*ibidem*, p. 30). A julgar pelos relatos que leremos, os

GES, apesar de lidarem basicamente com os aspectos doutrinários das escolas psicoterápicas, estão longe de ser "muito intelectuais". Envolvem seus participantes num denso clima emocional. Essa emoção, porém, não está ligada aos casos atendidos; prende-se ao envolvimento dos membros entre si, com a doutrina e, principalmente, com o orientador. Dificilmente um entrevistado recorda sua passagem pelos grupos que lhe foram significativos sem visíveis alterações no modo de falar e no tom de voz, indicando que sua história nesses estudos está longe de ter sido meramente "intelectual". Isso se dá com mais ênfase quando responde a questões relativas à importância do mestre e dos colegas para seu aprendizado, e para amenizar a solidão característica de sua atividade, trazendo-lhe a sensação de pertinência a um modo de ser terapeuta. Já vai longe o tempo em que se acreditava na rígida dicotomia entre razão e emoção. Escrevendo sob a perspectiva das neurociências, Damásio discorre sobre sentimentos e emoções:

> Servem de guias internos e ajudam-nos a comunicar aos outros sinais que também os podem guiar. E os sentimentos não são nem intangíveis nem ilusórios. Ao contrário da opinião científica tradicional, são precisamente tão cognitivos como qualquer outra percepção. (1995, p. 17)

Heidegger, que considera o estado de humor como um existencial, um elemento constitutivo do homem, escreve:

> O que indicamos *ontologicamente* com o termo dis-posição é, *onticamente*, o mais conhecido e o mais cotidiano, a saber, o humor,

o estado de humor. [...] trata-se de ver este fenômeno como um existencial fundamental e delimitar sua estrutura. (Heidegger, 1988, pp. 29, 188; grifos no original)

Isso significa que um ser humano não "tem" humores, que essa não é uma "parte" ou "dimensão" da pessoa, mas que não é possível conceber indivíduos sem a potencialidade de se emocionar. Em termos atuais, diríamos que a emoção é constituinte do sujeito.

Preferimo-nos reportar a uma tendência neurobiológica e a um filósofo, em vez de tecer considerações sobre a tão propalada "inteligência emocional". Concordamos com Severino (2001, p. 96), que, ao enfatizar a intimidade entre emoção e cognição no processo de conhecimento, chega a dizer: "[...] proclamar que a 'inteligência é também emocional' é quase uma obviedade". E segue, em tom quase poético:

> Toda expressão emocional da subjetividade é atravessada pela dimensão epistêmica! Por isso, o sabor da vivência emocional só se experimenta enquanto atravessado pelo saber. O desejo só se sabe (saboreia) sabor, na medida em que se sabe (vivencia) saber. (Severino, 2001, p. 96)

Vamos, então, delinear os modos específicos, porém multifacetados, de ligação que os sujeitos estabelecem com os GES, com seus companheiros de jornada e com o mestre.

… 3 …

Fazendo pesquisa

Como já foi mencionado, elaboramos a pesquisa em duas fases. No primeiro momento, enviamos um questionário a 21 psicólogos já estabelecidos na prática clínica. Na segunda etapa, fizemos entrevistas com seis deles, para explorar os dados qualitativos.

QUESTIONÁRIO

O material enviado aos sujeitos na primeira fase e a tabulação das respostas quantificáveis estão nas próximas páginas. A seguir, justificaremos a escolha das perguntas e faremos comentários gerais sobre as respostas. Alguns responderam o questionário por *e-mail*; outros, manualmente. Não foram notadas diferenças entre as duas formas de participar da pesquisa.

Procuramos, ao escolher a amostra, cobrir a gama dos adeptos das psicoterapias mais difundidas em nosso meio, a saber: psicanálise clássica e lacaniana, terapia corporal, psicologia analítica junguiana, psicoterapia fenomenológico-existencial, terapia cognitivo-comportamental, psicodrama. Haverá sempre uma possível crítica a essa escolha e à conseqüente classificação implícita. Além disso, dentro de cada escola, há diferentes modos de compreensão e de práticas. Em entrevista à *Revista do Conselho Federal de Psicologia*, respondendo à pergunta: "Quais são as várias correntes da psicoterapia? Qual o futuro da psicoterapia?", Carlos Drawin (2004, p. 37) descrê da viabilidade ou relevância de listar as tantas correntes de psicoterapia. Em tom jocoso, mas com seriedade, comenta: "É claro que podemos falar de 'psicanalítica', 'existencial-fenomenológica', 'cognitivo-comportamental' etc. Mas aqui o que parece prevalecer é o 'etc.'", pois, além de ser sempre possível acrescentar mais um nome, "sob cada rubrica se esconde uma pluralidade de opções divergentes".

Confirmando ser tarefa gigantesca, talvez impossível, cercar todas as "linhas" que aparecem a cada momento no cenário psi, Figueiroa nos dá alguns números impressionantes:

> Desde a época de Freud, cada discípulo dissidente elaborava sua própria variedade de psicoterapia e se rodeava do maior número possível de simpatizantes[30]. Harper[66], em 1959, identificou 36 sistemas diversos. Parloff[130], em 1976, elevou esse número para mais de 130, Henrick[68] (1980) alcançou 250 e Karazu[81], finalmente (1986), a mais de 400.[14] (1995, p. 225)

---

14. Em espanhol, no original: "Desde la época de Freud, cada discípulo que se peleaba elaboraba su propia variedad de psicoterapia y se rodeaba del mayor número posible de adherentes[30]. Harper[66] en 1959 identificó 36 sistemas diversos. Parloff[130] en 1976 los subió a más de 130, Henrick[68] (1980) alcanzó los 250 y Karazu[81], finalmente (1986), a más de 400". As re-

É fácil se perder no emaranhado de tantas vertentes. Essa diversidade traduz, a um só tempo, a riqueza do campo e a dificuldade de se traçar uma orientação segura para descrevê-lo *in totum*. Quando for relevante para os nossos propósitos, elucidaremos os modos particulares de ação de cada terapeuta, bem como suas filiações a escolas derivadas das doutrinas principais.

Modelo do questionário de pesquisa

Estou pedindo a colaboração de colegas de diversas abordagens clínicas em psicologia para que respondam a um questionário. Meu interesse é o costume dos psicólogos psicoterapeutas em participar de grupos de estudos (GES). Na primeira aproximação ao tema, gostaria de pesquisar os motivos que levaram o profissional a procurar determinados GES.

Este trabalho faz parte de uma tentativa de elaborar uma dissertação de mestrado. Talvez, (in)oportunamente, eu volte a perturbá-los com outras questões.

Nome:

Quantos anos você tem de formado(a)?
Qual é a sua abordagem teórica?
Você já participou de GES?
Em caso afirmativo, de quantos GES participou?
Que fatores levaram você a participar de GES?

Dê notas de 0 (nenhuma importância) a 10 (importância decisiva) aos seguintes fatores que levaram você a participar de GES:

---

ferências que permeiam o texto podem ser encontradas no artigo citado. Foram aqui mantidas por uma questão de fidelidade ao original.

A abordagem teórica:

O orientador:

O prestígio do orientador:

O saber do orientador:

O acolhimento do orientador:

A informalidade: presença não obrigatória, atividade sem cobrança de resultados (notas, monografias etc.):

Os participantes (colegas de grupo):

Conveniência de local:

Conveniência de horário:

Conveniência de preço:

Outro(s) fator(es) (descreva):

Você conhece a história dos grupos de que participou?
Exemplo: sabe com quem seu orientador do grupo fez sua formação? E o orientador do seu orientador? Quantas "gerações" de orientadores que deram origem a esse GE você conhece? Não é preciso citar nomes.

Se possível, como dado complementar, responda, em poucas palavras, quais as influências (professores, textos, terapia pessoal etc.) que o(a) levaram a se interessar por sua abordagem teórica. Não é preciso citar nomes.

Os GEs que você freqüentou foram importantes para sua aprendizagem? E para sua formação?

A ausência de um diploma ou certificado de participação nos GEs já fez que você, em vez de entrar em um GE, fosse à procura de um curso que lhe fornecesse tais documentos?

Questionário sobre grupos de estudos — Tabulação das respostas

	Pn1	Pn2	Pn3	Pn4	Pn5	Cp1	Cp2	Jg1	Jg2	Lc1	Ex1	Ex2	Ex3	Ex4	Cc1	Cc2	Pd1	Pd2	Pd3	Med
Anos/formado	20	26	26	23	24	24	25	29	25	17	12	15	22	21	26	12	20	25	25	21,9
Já participou?	S	S	S	S	S	S	S	S	S	S	S	S	S	S	S	S	S	S	S	
Quantos?	10+	8	4[2]	5	5+	10+	2	9+	4	2	5+	10+	9	10+	2	1	6	2	8	5,9
Fatores (notas):																				
Abordagem	8	10	10	10	9	8	10	9	10	10	10	10	10	10	8	9	10	10	10	9,5
O orientador:																				
Prestígio	9	8	5	7	7	8	8	2	0	8	8	10	0	5	8	4	8	2	0	5,6
Saber	9	10	10	10	9	10	8	10	10	10	8	10	10	10	9	10	10	8	10	9,5
Acolhimento	9	2	8	8	8	10	10	10	7	10	10	5	6	10	10	10	10	10	7	8,4
Informalidade[1]						7	5		8			0	0	7		8	8	8	3	
Participantes	3	0	7	8	8	9	10	8	8	8	7	3	7	7	8	9	5	8	5	6,6
Conveniência:																				
Local	3	0	0	7	7	8	8	5	9	5	1	0	0	5	2	8	0	5	3	4,0
Horário	5	5	2	10	7	8	8	5	9	5	5	2	0	8	9	9	0	8	3	5,7
Preço	7	5	0	7	8	7	10	5	10	10	5	5	0	10	5	8	0	0	7	5,7

Pn = psicanalista; **Cp** = terapeuta corporal; **Jg** = terapeuta junguiano; **Lc** = psicanalista lacaniano;
Ex = terapeuta existencial; **Cc** = terapeuta cognitivo-comportamental; **Pd** = psicodramatista; **Med** = média.

(1) – Item acrescentado posteriormente, nos últimos questionários.
(2) – "Quatro de longa duração, e outros que já perdi a conta."

As perguntas e as respostas

O questionário foi dividido em três blocos de questões. No primeiro bloco foram solicitadas as informações básicas do psicólogo – nome, tempo de formado, abordagem teórica, participação (ou não) em GEs, a quantidade de grupos freqüentados. Em seguida, há uma questão aberta, sobre os fatores que o levaram a procurar os GEs. Cremos que, a esta altura do questionário, justifica-se o pedido para dissertar sobre os motivos iniciais da caminhada. É razoável pensar que o sujeito, ao procurar a resposta para o número de participações em que esteve envolvido, recorde-se dos GEs de que participou. Na esteira desse esforço de memória, estimulamos a procura dos fatores que o dirigiram para os grupos.

No segundo bloco foram propostas questões para avaliar a importância dos fatores mais comuns que levam os psicólogos a participar de cursos, grupos, *workshops* etc. Servem como um complemento da pergunta aberta do primeiro bloco. Têm a função de avivar a lembrança do sujeito, dando-lhe oportunidade de incluir no questionário algum fator esquecido, ao responder a pergunta inespecífica anterior.

Esses dados são quantificáveis, porém num sentido "fraco". Bogdan e Biklen (1994, p. 63) advertem que "tentar conduzir um estudo quantitativo sofisticado ao mesmo tempo que um estudo qualitativo aprofundado pode causar sérios problemas". Não é este o caso em nossa investigação. Os números aqui obtidos apenas ressaltam os fatores citados com maior freqüência, confirmando ou não as inclusões prévias do pesquisador, dando subsídios mais objetivos à elaboração do roteiro de entrevista.

Há uma última questão sobre outros fatores. Aparentemente redundante, tal pergunta visa dar ainda mais uma oportunidade ao sujeito de acrescentar motivos não constantes das respostas anteriores. As menções foram as mais variadas, não configurando um conjunto unívoco de estímulos.

No terceiro bloco estão quatro questões abertas. Para facilitar a leitura, repetiremos as perguntas, antes de comentá-las.

1. Você conhece a história dos grupos de que participou?
Exemplo: sabe com quem seu orientador do grupo fez sua formação? E o orientador do seu orientador? Quantas "gerações" de orientadores que deram origem a esse GE *você conhece? Não é preciso citar nomes.*

Essa primeira pergunta, sobre a história dos grupos, é ampliada por algumas outras indagações. Incluímos esse tema por perceber que muitos membros de GEs cultuam as origens de sua doutrina e mesmo de seus orientadores.

Os primeiros psicanalistas estrangeiros que trouxeram a psicanálise para o Brasil, por exemplo, formaram escolas altamente centradas em suas figuras. Essa história de cultos a personalidades, com suas curiosidades e desdobramentos, é abordada por Jane Russo, no caso do Rio de Janeiro. No tempo em que foi criado o primeiro curso de Psicologia naquela cidade, em 1953, era vedado aos psicólogos o ingresso nas sociedades psicanalíticas. Nessa época, "[...] os psicanalistas promoviam ativamente a difusão da psicanálise entre as psicólogas clínicas, analisando-as, oferecendo-lhes cursos e 'grupos de estudos', supervisionando seus atendimentos". A autora nota, não sem certa ironia, que os psicanalistas "ampliavam, deste modo, seu próprio mercado de trabalho e a demanda por seus serviços" (Russo, 2002, p. 46). O registro é uma das raras menções aos GES na bibliografia e está num livro sobre a história dos movimentos psi no Brasil.

As respostas a esse item histórico, no entanto, não confirmaram a suposição da pergunta. Provavelmente algumas abordagens teóricas valorizam mais que outras o conhecer a linhagem do mestre.

> 2. *Se possível, como dado complementar, responda, em poucas palavras, quais as influências (professores, textos, terapia pessoal etc.) que o(a) levaram a se interessar por sua abordagem teórica. Não é preciso citar nomes.*

Explorar o tema da abordagem teórica é o pretexto, por assim dizer, dessa segunda questão. Sabemos a importância da filiação dos psicoterapeutas a uma escola de pensamento. Sem a base teórica fornecida por uma linha de raciocínio monolítica, fica difícil conceber uma atividade profissional séria. Interessa-nos aqui a origem da escolha doutrinária, como o iniciante foi achando seu caminho. Os fatores mais mencionados foram textos e professores, além de terapias pessoais e outros indicadores. As respostas mostraram certo grau de dispersão. Múltiplas influências conduziram o sujeito a uma *primeira* filiação. A partir desse ponto, muitos psicoterapeutas mudaram de orientação durante o percurso de suas vidas. Voltaremos ao assunto na análise das entrevistas.

3. *Os* GES *que você freqüentou foram importantes para sua aprendizagem? E para sua formação?*

Essa pergunta apresentou o maior número de respostas inequívocas. Praticamente todos os sujeitos valorizaram ao extremo sua inserção nos grupos, com expressões como "muito importantes", "fundamentais" etc. Tais manifestações serviram de guia principal para a estruturação das entrevistas constantes da segunda fase desta pesquisa e constituem o cerne da investigação.

4. *A ausência de um diploma ou certificado de participação nos* GES *já fez que você, em vez de entrar num* GE, *fosse à procura de um curso que lhe fornecesse tais documentos?*

A última pergunta aborda o tema da informalidade dos GES, tal como está delineada nos objetivos da investigação e explorada no capítulo sobre as características do nosso objeto de estudos. A maioria das respostas não valorizou a necessidade de certificados oficiais, embora alguns sujeitos declarassem que, em certos momentos da vida, questionaram tal despreocupação.

ENTREVISTA

Com base nas respostas dadas aos questionários foi elaborado um roteiro de entrevista temática. Optamos por estruturá-lo em forma de perguntas que servissem de estímulo para maiores aprofundamentos e digressões sobre os temas abordados. Segundo Alberti (1989, p. 62), o roteiro tem como funções "orientar o pesquisador, ajudá-lo a acompanhar o depoimento e a lembrar-se das questões que devem ser levantadas, sem contudo servir de camisa-de-força", fornecendo-lhe uma direção capaz de manter a ordem temporal na formulação das perguntas e impedindo divagações.

A mesma autora, na página seguinte, enfatizando o caráter estimulante desse recurso de investigação, usa novamente a metáfora da "camisa-de-força", agora de maneira mais atenuada. Diz ela que é possível respeitar a abordagem do entrevistado "se o roteiro individual não for considerado uma camisa-de-força, se for possível desobedecer à ordem cronológica, [...] se permitirmos o desenvolvimento de assuntos antes não previstos", enfim, se estimularmos a fluência do discurso do entrevistado (Alberti, 1989, p. 63).

Por outro lado, pesquisador e pesquisado não se separam com tanta clareza. Por mais que haja critérios de escolha, as perguntas foram elaboradas pelo investigador e são prenhes de sua experiência e visão prévia do tema. Haverá um diálogo; o entrevistado não falará sozinho, ou para um gravador, mas para a pessoa que o entrevista. Nessa interação, os dois serão influenciados. Dulce Critelli (1996, p. 76) enuncia: "O outro com quem alguém fala sobre algo não é um mero receptor de uma mensagem, mas seu co-elaborador. Isto é, ele é elemento constituinte da possibilidade desse algo se mostrar". A coexistência aqui se mostra e toma seu sentido. O discurso é uma produção conjunta; ao tornar presente aquilo de que falam, cada um dos atores se constitui e toma parte na constituição do outro. A história dos GEs de cada entrevistado se desvela em seu contato com o entrevistador. A autora completa: "Os outros constituem a possibilidade de aparição, de manifestação de qualquer coisa. Os outros constituem a identidade das coisas e a identidade do próprio indivíduo, como sua 'clareira'" (*ibidem*, p. 76).

As palavras dos psicólogos aparecerão sob a luz de um método, descrito no capítulo anterior; o caminho será percorrido a dois, numa relação pessoal. A cada momento, o pesquisador será testemunha da história do entrevistado. "Sem testemunho, o desvelado e o desvelamento, o revelado e a revelação esvanecem-se, dissolvem-se. É como se nunca tivessem aparecido. Sem o testemunho não há manifestação" (*ibidem*, p. 77).

O entrevistado sabe que seu relato será dado a público, ampliando indefinidamente a platéia que o escuta. Sua história, contada inicialmente na intimidade *vis-à-vis* da entrevista, vai adquirir existência plena ao ganhar a forma escrita, acessível por todos, desentranhando-se da mera lembrança individual, adquirindo um novo *status* de realidade.

> O homem fala, necessariamente, com alguém, com outro homem. O alcance dessa fala é a confirmação da existência e da identidade não só de tudo aquilo com que alguém entra em contato ou desoculta, mas desse mesmo alguém. Não basta ao indivíduo saber, conhecer, ter o contato com o que existe no isolamento ou solitariamente, é preciso que aquilo a que ele se refere seja visto e ouvido por outros. (Critelli, 1996, p. 77)

Para que o percurso da pesquisa apareça em toda a sua clareza, fazendo jus àqueles que se dispuseram a colaborar conosco e ter seus depoimentos testemunhados e divulgados, é conveniente apresentar e comentar a forma da entrevista.

Roteiro da entrevista

Entrevistado, data, cidade, local, condições técnicas, entrevistador.

1 — **Contato com o GE**
   Como chegou ao GE (como tomou contato)?
   Como tomou contato com o primeiro GE?
   Como tomou contato com o GE mais significativo?
   Fale sobre o início de sua participação no GE.
   Houve indicação (ou interferência) de amigos, colegas, professores (e outros) para a escolha do GE?
   O local e ambiente de encontro do GE interferiram nessa escolha?
   Qual é a diferença entre participar de um GE como iniciante e como veterano?

   As questões a seguir referem-se ao(s) GE(s) mais significativo(s).

2 — **A sistemática do GE**
   Como vocês estudavam no GE?
   Qual era o método de leitura de textos?
      Liam e discutiam?
      Liam "linha a linha"?
   Havia registros escritos dos encontros do GE?
   Havia exposição sistemática de casos?

3 — **Os participantes**
   Os participantes influenciaram você na escolha do GE?

Os participantes desenvolveram laços afetivos? De que tipo?
Havia participação de todos os membros?

4 – O tempo

Havia uma programação rígida no planejamento do GE?
Planejavam-se os estudos para quanto tempo?
Eram permitidos e tolerados "devaneios", discussões de outros assuntos relacionados (ou não) ao tema etc.?
O GE tinha prazo para acabar?
O GE já tinha uma história quando você entrou? Você a conhecia?
Por que você saiu do GE?

5 – O orientador

Algum deles é mais importante na sua formação? (*Verificar a atribuição de maestria e a ligação emocional*)
Você pode descrevê-lo? Que qualidades se ressaltavam (*confiança, visão crítica, tempo de decantação*)?
Sua imagem anterior foi importante para a escolha do GE?
Que imagem você tem dele hoje?
Conhece a história de sua formação (quantas gerações)?

6 – A abordagem

Como chegou a escolher sua abordagem teórica?
Procurou o GE antes ou depois da escolha da abordagem?
O GE ajudou na escolha da abordagem?
Qual o papel do orientador nessa escolha?
Houve mudanças de abordagem ao longo de sua carreira?

7 — **Importância do** GE

Como você avalia a importância dos GEs para a sua formação? Nos GEs que você freqüentou, havia críticas às outras abordagens?

Os membros dos GEs se autoconfirmavam, ou seja:

- Havia algum tipo de afirmação constante da excelência da abordagem?
- Havia elogios mútuos (ou havia rivalidades)?

Conversando e comentando

Vamos tecer considerações sobre os itens das questões do roteiro e apresentar uma visão geral das respostas dadas. No próximo capítulo, faremos uma análise mais detalhada dos resultados obtidos, comentando passagens selecionadas da fala dos entrevistados.

Questão 1 — Contato com o GE

Considerando os dados obtidos na primeira parte da pesquisa, vemos que a maioria dos psicólogos de nossa amostra passou por diversos GEs durante sua trajetória profissional. Somos seres obcecados pelo problema das origens. Intrigados aqui pela dispersão da resposta obtida no questionário, sobre *quem* conduziu o sujeito aos grupos, incluímos na entrevista uma série de questões para estudar a retomada histórica desse processo.

É interessante notar a pouca precisão e a ausência de padrões de iniciação aos GEs. Escutando-se as narrativas dos entrevistados, tudo se passa como se os grupos simplesmente "estivessem lá", e de algum modo fosse "natural" acabar participando de um deles. Não há ênfase significativa em uma pessoa responsável pelo fato de o psicólogo começar a se reunir com seus pares, visando a um estudo orientado. Isso sugere que os GES fazem parte da *cultura* dos psicólogos psicoterapeutas. Observamos, ainda, que os profissionais passam por vários grupos, até que um deles se torna pregnante, principalmente em função da personalidade do orientador. Um dia, por motivos diversos, essa participação deixa de ter sentido, e eles vão à procura de outro ambiente para retomar os estudos. O caráter *nômade*, mencionado nos objetivos da pesquisa, tem aqui sua manifestação.

Questão 2 – A sistemática do GE

Este item foi incluído no roteiro depois da entrevista-piloto. Nessa ocasião, a psicóloga entrevistada descreveu, espontaneamente, a forma como se dava o estudo em alguns GES que freqüentou: liam-se os textos dos autores clássicos "linha a linha", comentando-se minuciosamente cada passagem. Sabemos, por conversas informais, ser essa uma prática comum nos grupos. Essa era também a experiência do pesquisador, como participante e como orientador.

Abre-se aqui um leque muito interessante e vasto de observações *para os grupos do tipo 1*, psicanalíticos, junguianos e fenomenológico-existenciais, antecipando dados que serão mais bem analisados adiante. Em primeiro lugar, temos uma instância privilegiada para o exame em profundidade de um texto, centrado num personagem detentor de um suposto conhecimento. Esse procedimento não é encontrado, ao menos dessa forma, no ensino oficial. Arriscamo-nos agora a fazer uma síntese parcial: o caráter lento e gradual do estudo é sustentado pela confiança que os participantes têm no saber do orientador. A figura do mestre, capaz de manter aceso o interesse de seus discípulos até que eles vislumbrem as grandes linhas da estrutura doutrinária, lembra o respeito que havia pelos antigos professores, num tempo em que a profissão mantinha uma dignidade hoje perdida para o modelo *showmen* dos cursinhos. Isso nos remete ao caráter *tradicional* do ensino nos GEs, conforme aspecto levantado previamente. Voltaremos ainda a esse tópico. Por outro lado, a inexistência de registros escritos das reuniões reforça o caráter *informal* já comentado.

Nos grupos do tipo 2, nota-se uma variedade maior na sistemática de estudos. Ora lêem o texto em casa e o discutem nas reuniões, ora um lê e os outros escutam, ora se pautam pelas conclusões dos trabalhos científicos, como se nota na entrevista da psicóloga ligada à linha cognitivo-comportamental. Eventualmente há formas de registros escritos, embora estes nunca se prestem a uma avaliação ou exame. Servem como um caderno da produção do grupo, acessível a cada membro, como se pode ler na entrevista do psicólogo ligado à terapia corporal.

Questão 3 – Os participantes

Não houve evidências de que os participantes do grupo tivessem influência sobre a decisão do psicólogo, ao se filiar a um GE. Ele pode ter entrado num grupo por convite de um amigo ou conhecido, mas a importância dos companheiros de estudos, no primeiro momento, limita-se a isso. Eventualmente desenvolvem-se laços afetivos com os outros membros dos GEs, embora esse fato não apareça nas entrevistas como algo importante ou decisivo para nossos propósitos de pesquisa.

Mas, se os outros membros não foram importantes para a entrada de um participante no grupo, mostraram-se decisivos de outra maneira. Todos os entrevistados aludiram, direta ou indiretamente, à *solidão* da prática psicoterápica. Estar com os seus pares conferia a cada um a sensação de não estar sozinho. Esse fenômeno não estava inscrito em nossa visão prévia, revelou-se no decorrer das entrevistas. Ao ver deste pesquisador, temos aqui um importante fator para a *constituição da identidade* dos psicólogos como terapeutas ligados a determinada abordagem.

Questão 4 – O tempo

É de notar a falta de preocupação ou de planejamento ligados ao fator tempo. No ensino oficial, as datas determinam uma série de atividades; aqui, ao contrário, o estudo é dirigido apenas pelo interesse no tema e por tudo aquilo que é despertado com base nesse eixo principal. Em apenas um caso, no grupo do tipo 2, o entrevistado relatou que havia um prazo claramente demarcado para uma atividade. Os psicólogos de todas as abordagens declararam ainda que outros assuntos vinham à baila nas reuniões, assim como exposições de casos, discussões em torno de obras literárias, filmes etc., dando à temporalidade um caráter elástico. Essa ausência de uma cronologia, bem como a permissividade para o aparecimento de assuntos não planejados de antemão, reforça a característica *informal* de nosso objeto de estudos.

Assim como varia o tempo interno de cada grupo, varia também a permanência do psicólogo em cada GE. Pode se estabilizar durante anos, ao se envolver num estudo mais significativo, como pode comparecer apenas a poucas reuniões, se o tema ou o orientador não forem de seu agrado ou interesse. Reforça-se, aqui, o caráter *nômade* dos participantes, em que pese às ilhas de permanência estável que pudemos observar.

Questão 5 – O orientador

Os entrevistados disseram, cada um com suas palavras, tanto nos questionários como nas entrevistas, que os GEs foram de importância decisiva para sua formação como psicoterapeutas. "Formação" é um termo de significado bem vasto. Formar-se

> supõe troca, experiência, interacções sociais, aprendizagem, um sem-fim de relações. Ter acesso ao modo como cada pessoa se forma é ter em conta a singularidade de sua história e sobretudo o modo singular como age, reage e interage com os seus contextos. Um percurso de vida é assim um *percurso* de formação, no sentido em que é um *processo* de formação. (Moita, 1995, p. 115)

Neste trabalho, estamos fazendo certo recorte na formação dos psicólogos, acompanhando-os como participantes de GEs. Mas os entrevistados acabam por recordar outros aspectos de seu percurso, dando um colorido imprevisto à nossa investigação. É preciso lembrar que "[...] a entrevista de história oral –

seu registro gravado e transcrito – não documenta nada além de uma versão do passado, o que indica o cuidado que se deve ter para não ampliar e generalizar tais posições indevidamente" (Silva, 2003, p. 33). De qualquer forma, prossegue a autora, tais experiências "constituem uma fértil possibilidade de ampliar o conhecimento do passado".

É de notar, no entanto, que em todas as versões lidas e ouvidas o papel do mestre foi decisivo na direção do percurso formativo. Alguns participantes foram atraídos ao GE pela abordagem teórica, outros levados por amigos, uns poucos entraram nos grupos por conveniência de local, horário ou preço, certo número deles talvez tenha iniciado sua participação por conhecer e admirar previamente o mentor do grupo. O eixo das referências, no entanto, mostrou-se constante: todos os psicólogos que se mantiveram certo tempo num grupo e o consideraram significativo fizeram forte referência ao orientador. Nos questionários, esse dado aparece na avaliação numérica; nas entrevistas é ampliado qualitativamente. Vemos aqui uma diferença entre os grupos do tipo 1 e do tipo 2. Nos primeiros, anulam-se "as diferenças entre sujeito e objeto do conhecimento e a diferença entre ser e conhecer", como já foi citado (Figueiredo, 2000, p. 32). Nos grupos do tipo 2 predomina o saber teórico e, principalmente, prático, pois são abordagens em que as técnicas não exclusivamente verbais têm papel mais acentuado.

Nos grupos do tipo 1 o mestre é uma figura valorizada, um modelo a ser seguido, uma personalidade que será sempre referência positiva na biografia profissional do psicoterapeuta. Alves assim descreve os educadores, que muito se assemelham ao que chamamos, aqui, de mestre:

> Eu diria que os *educadores* são como as velhas árvores. Possuem uma face, um nome, uma "estória" a ser contada. Habitam um mundo em que o que vale é a relação que os liga aos alunos, sendo que cada aluno é uma "entidade" *sui generis*, portador de um nome, também de uma "estória", sofrendo tristezas e alimentando esperanças. E a educação é algo para acontecer neste espaço invisível e denso, que se estabelece a dois. Espaço artesanal.
> Mas *professores* são habitantes de um mundo diferente, onde o "educador" pouco importa, pois o que interessa é um "crédito" cultural que o aluno adquire numa disciplina identificada por uma sigla, sendo que, para fins institucionais, nenhuma diferença faz aquele que a ministra. (1987, p. 13)

O trecho citado contrapõe educadores e professores, no sentido em que contrapomos, aqui, o estudo praticado nos GES de tipo 1 e a aprendizagem adquirida no ensino oficial. O mesmo autor enfatiza o caráter emocional da relação que se estabelece entre mestre e discípulo, ao dizer: "O *educador*, pelo menos o ideal que minha imaginação constrói, habita um mundo em que a interioridade faz uma diferença, em que as pessoas se definem por suas razões, paixões, esperanças e horizontes utópicos". A esse personagem, por nós chamado de mestre, opõe o *professor*, que, "ao contrário, é *funcionário* de um mundo dominado pelo Estado e pelas empresas" (*ibidem*, p. 14).

Há confiança no mestre. Essa palavra tem em sua origem o termo latino *fides*. O prefixo "con" indica a participação de dois elementos, um engajamento. Aplicando essa breve digressão etimológica ao ato de ensinar (Lopes, 2001, s/p), escreve: "[...] *ensinar é um ato de fé*. Retomemos a palavra fé em sua origem para sabermos que no latim era *fides*, confiança, lealdade, fidelidade". Esse é o clima presente nas palavras que os membros dos grupos reservam a seus orientadores.

Quando um participante entra num GE, principalmente no início de sua formação, não pergunta, a cada momento, "para que serve" aquilo que o mestre ensina. Não está presente, constantemente, a tão valorizada "visão crítica" de nossas universidades. A metáfora é a decantação; mistura-se o sal na água, espera-se a saturação. Algo pode ser descartado, ficará depositado no fundo, mas o que foi assimilado permanecerá indistinguível da água, assimilado para sempre ao líquido. A crítica terá, então, seu momento. Não há como prever a duração do processo. Abre ao discípulo o novo tipo de aprendizagem: suportar o incluso, deixar que as novas configurações da matéria apareçam "quando o tempo for propício"[15].

Aparece aqui o caráter *tradicional* do ensino dos mestres: lêem-se os clássicos, há *confiança* de que a leitura levará a algum lugar (note-se que, nas entrevistas de membros dos grupos do tipo 2, não há essa referência aos clássicos). Dentre os dez fatores decisivos para uma análise axiológica da educação tradicional arrolados por Silva (2000, p. 89), podemos destacar os quatro seguintes:

- valorização do ensino humanístico de cultura geral, do saber e conhecimentos já constituídos ("modelos");
- valorização da autoridade e orientação do professor [...] que, por sua dedicação aos valores do conhecimento, tem sua competência reconhecida e sua autoridade garantida;

---

15. Retiramos esta expressão da música *Oração ao tempo*, de Caetano Veloso, constante do CD "Cinema Transcendental", lançado pela Polygram em 1979.

- valorização do aluno que aprende, confronta-se e imita os "modelos", para só posteriormente "criar"; [...]
- valorização da transmissão e preservação dos conteúdos culturais.[16]

O aprendiz abre assim sua permeabilidade, deixando entrar o que se apresenta. Isso não deve ser confundido com "submissão" por parte do aluno ou "autoritarismo" da parte do mestre. O aluno não se perde, forma-se: É um processo "em que cada pessoa, *permanecendo ela própria e reconhecendo-se a mesma ao longo da história*, se forma, se transforma, em interacção" (Moita, 1995, p. 115; grifos nossos). Em outras palavras, é um processo de constituição de identidade.

O aluno não se perde, e diríamos mesmo o contrário: ele tem, ali, o contato *encantado* com um saber que já estava em algum lugar e agora se apresenta. Por isso a experiência de que sempre se soube certas coisas de que o mestre fala, mas não se conseguia colocá-las em palavras; por isso certas visões de mundo adquirem forma e significados que – tem-se a impressão – sempre estiveram próximos, quase ao alcance da mão, mas sempre escapavam. São, agora, *desvelados,* vêm à luz. Há um clima, uma sensação de se recordar de algo já conhecido. O verbo "recordar" tem como radical o latim *cor-cordis*, coração. "Se

---

16. Uma observação importante é adequada a este momento. Antes da emergência da tão propalada *criatividade*, é necessário que o aluno assimile o que a história legou à sua geração. Fazemos esta ressalva em vista da publicidade dada ao termo no título de diversas publicações de cunho duvidoso, difundindo a falsa idéia de que criar é um "dom", não exigindo trabalho e dedicação.

lermos re-cordar, isso soa como se disséssemos algo assim: colocar o coração de novo; *aletheia*, verdade – não meramente o não-esquecido, mas aquilo em que se pode pôr de novo o coração" (Pompeia, 2004, pp. 160-1).

O conceito de *a-letheia* será explorado com mais detalhes ao descrevermos o processo formativo do psicólogo psicoterapeuta. Por enquanto, fiquemos com a idéia de desvelamento, algo que é libertado do véu que o encobria.

Na digressão que acabamos de fazer, é difícil, em alguns pontos, diferenciar com precisão os procedimentos dos grupos dos tipos 1 e 2. Os membros do segundo modelo também valorizam os orientadores e neles têm confiança. Mas reiteramos que existe uma diferença qualitativa. Não está em jogo, aqui, a pessoa como um todo, mas sim o profissional competente. A leitura das entrevistas mostra essa distinção.

Questão 6 – A abordagem

A abordagem teórica e o saber do orientador foram os fatores determinantes para que o psicólogo escolhesse participar de determinado GE, conforme pode ser lido nas respostas aos questionários. Mesmo a sabedoria do mestre ancora-se, em geral, numa doutrina específica.

Já foi mencionado o número crescente de sistemas psicológicos que possibilitam a codificação de uma psicoterapia. Tal diversidade tem sido alvo de diversos estudos. A American Psychological Association (APA), preocupada com a eficácia dos diferentes tipos de tratamento disponíveis, publica com regularidade estudos empiricamente validados sobre os resultados das psicoterapias[17]. Embora seja grande a relevância do tema, nossa pesquisa não gira em torno dessa perspectiva. Confrontados com o *fato* de que os psicólogos procuram os GEs como parte da cultura que envolve sua formação, e de que em momento algum dos questionários e entrevistas o problema da eficácia foi mencionado[18], tendemos a dirigir as indagações deste item para um cunho mais histórico e sociológico, em busca de compreender um processo de educação que percebemos como *informal*. Para tanto, apelamos para a visão de Figueiredo (2000, p. 22). Segundo esse autor, ao se reconstituir "as condições sociais, econômicas e culturais que jazem no subterrâneo do projeto de uma psicologia, que lhe criam o significado", nota-se

1) A oposição estabelecida entre, de um lado, o caráter supostamente pré ou anticientífico do sujeito, somado ao caráter supostamente pré ou anti-social do indivíduo privado e, de outro lado, a necessidade de submeter a vida interior do indivíduo a leis [...]
2) Em decorrência, a ciência psicológica tenta-se constituir, sendo obrigada a, simultaneamente, reconhecer e desconhecer seu objeto. [...] Abre-se então um campo de divergências e oposições que não tem nada de acidental nem parece que possa vir a ser

---

17. Para uma resenha desses estudos, ver na internet: http://www.apa.org/practice/peff.html.

18. A falta de menção dos entrevistados à eficácia da psicoterapia como fator de escolha da abordagem pode, sem dúvida, ser considerada um dado preocupante. É possível, contudo, que o âmbito e a formulação desta pesquisa, conhecidos pelos sujeitos, não os tenham estimulado a levantar tal tópico.

unificado através de um processo de eliminação de alternativas que não suportem o teste empírico ou de paradigmatização em torno de uma alternativa particularmente bem-sucedida. (2000, p. 22)

Esse "campo de divergências e oposições" abre um leque de opções tão variado que, freqüentemente, confunde o iniciante. Em geral, por meio de um processo de tentativa e erro, vagando por diversos GEs, o psicólogo acaba por encontrar um grupo que lhe ofereça uma visão de mundo condizente com suas experiências anteriores de vida, ou com sua visão prévia do humano, para falar de modo mais adequado ao vocabulário aqui empregado. E, ao esgotar o que procura em determinado agrupamento, muda para outro, o que caracteriza a dimensão *nômade* do processo.

Questão 7 — Importância dos GEs

Vamos abordar a importância da contribuição dos GEs para que o psicólogo psicoterapeuta se reconheça como tal, aprofundando o conceito de *formação.*

Figueiredo, em artigo em que estuda as aproximações entre Foucault e Heidegger, remete-nos, por um lado, "à crítica empreendida por Martin Heidegger às metafísicas do sujeito, ou seja, à crença num sujeito como fundamento auto-fundante do mundo e das representações" e, por outro lado, à seguinte afirmação de Foucault: "Penso que não há sujeito soberano, fundador, uma forma universal de sujeito que poderíamos encontrar em toda parte" (Foucault, 1994, p. 733, *apud* Figueiredo, 1995, p. 140).

O indivíduo soberano, portador de uma essência, "naturalmente" auto-reflexivo, é hoje questionado. Temos, no entanto, de deparar com tal conceito, enraizado que está por séculos de história. Opõe-se a ele um sujeito em constante formação, a cada época ou sociedade sendo constituído pelo mundo e sendo dele constituinte, objeto dos estudos mais atuais.

> O sujeito individual, descrito pelas diferentes psicologias da educação e da clínica, esse sujeito que "desenvolve de forma natural sua autoconsciência" nas práticas pedagógicas, ou que "recupera sua verdadeira consciência de si" com a ajuda das práticas psicoterapêuticas, não pode ser tomado como um "dado" não-problemático. (Larrosa, 2002, p. 40)

Cada uma das duas posições, soberania e fluidez, implica um dado conceito sobre a relação que o sujeito estabelece consigo mesmo e com o mundo, dualidade associada às heranças históricas do Iluminismo e do Romantismo.

Em *A invenção do psicológico* (1992), Figueiredo busca três fontes para a constituição do sujeito moderno, e assim as resume em publicação posterior: a ética liberal, que gera a idéia de *soberania do indivíduo* e de *mérito individual*; a emergência das práticas disciplinares na organização social, notadamente no surgimento e ordenamento das grandes instituições, estudadas por Foucault, "organizadas pela noção de *integração, ajustamento* e *funcionalidade*"; e, da oposição às duas tendências anteriores, "emergem os mais intensos apelos à ética romântica, organizada pelas noções de *pertinência, participação* e *autenticidade*" (Figueiredo, 1995, p. 146; grifos no original).

É inevitável situarmos os sujeitos dos GES como afeitos principalmente a esta última forma de subjetivação. O percurso do psicólogo psicoterapeuta, em todas as fases – estudo teórico, terapia pessoal, supervisão, GES –, implica um forte envolvimento pessoal. O modo como o sujeito se vê, *a experiência de si*[19], é elaborada e re-elaborada. Os GES são um espaço importante nesse processo, como foi evidenciado em nossa pesquisa. Por se constituírem em um espaço informal, de participação voluntária, ao deixarem de ser listados entre as instâncias "oficiais", constantes da formação do psicoterapeuta, lembram-nos *pertinência, participação* e *autenticidade*.

A experiência de si não faz parte de uma "natureza humana" eterna e imutável. Está imersa na história e na cultura, que apresenta

> um certo repertório de modos de experiência de si, e todo novo membro de uma cultura deve aprender a ser pessoa em alguma das modalidades incluídas nesse repertório. [...]
> Em qualquer caso, é como se a educação, além de construir e transmitir uma experiência "objetiva" do mundo exterior, construísse e transmitisse também a experiência que as pessoas têm de si mesmas e dos outros como "sujeitos". (Larrosa, 2002, p. 45)

Ampliando o conceito de *formação,* diríamos que o GE é um dispositivo cultural privilegiado para a *constituição do sujeito*. É

---

19. Para ampliar este conceito, ver o texto de Foucault, *As técnicas de si*. Tradução de Wanderson Flor do Nascimento e Karla Neves, a partir de Foucault, Michel. *Dits et écrits*. Paris: Gallimard, 1994, pp. 783-813. In: http://www.unb.br/fe/tef/filoesco/foucault/.

curioso notar, lendo a resposta à questão 7 do roteiro da entrevista, que essa característica fundamental dos GES não apareceu quando foi diretamente questionada. A pergunta sobre autoconfirmação, "Os membros dos GES se autoconfirmavam, ou seja: Havia algum tipo de afirmação constante da excelência da abordagem?", ou mesmo "Nos GES que você freqüentou havia críticas às outras abordagens?", não revelou, de pronto, nada de significativo. Foi ao se estender sobre a primeira parte deste item, "Como você avalia a importância dos GES para a sua formação?", que a força do grupo surgiu como elemento importante para a constituição da identidade do psicólogo psicoterapeuta. As palavras "formação", "postura" e "identidade" confluem. Apareceram, principalmente, quando os psicólogos falaram sobre o caráter solitário da profissão.

. 4 .

Ouvindo os psicólogos

O QUE OUVIR? AS UNIDADES DE SIGNIFICADO

Ao ler o conjunto das entrevistas, o pesquisador procurou fazer que as unidades de significado emergissem dos discursos dos entrevistados. Discorrendo sobre as fases de uma investigação qualitativa, Bruns (2003, p. 73) propõe que, no primeiro momento, sejam transcritos os depoimentos dos entrevistados, "com a intenção de familiarizar-se com a descrição da experiência vivida e apreender o sentido geral do fenômeno indagado". A segunda etapa é caracterizada por uma procura das unidades de significado, "as quais são extraídas após a leitura de cada depoimento, tendo em vista que não existem *per se*, mas somente em relação à perspectiva e interrogação que o pesquisador dirigir ao fenômeno". Em outras palavras, se quisermos ser fiéis à atitude fenomenológica, é preciso deixar que as unidades de significado "saltem aos olhos", imponham-se, sabendo que isso ocorre em função da visão prévia do pesquisador, mas também – embora pareça contraditório – por sua disposição de deixar aparecer, na *novidade* do texto, aquilo que antes não estava previsto.

Essa é uma atitude difícil, impregnados que estamos do hábito de estruturar categorias já conhecidas e "chegar a uma conclusão" sobre o tema. Lembra-nos o "furor de querer concluir" de Flaubert, revivido por Binswanger em citação anterior. Evoquemos, ainda uma vez, o *espanto,* em sua acepção de "deixar-se levar por, deixar-se con-vocar-por". Neste capítulo, escutaremos os psicólogos, intercalando breves comentários entre seus depoimentos. Acompanharemos sua fala, con-vocados. Vale aqui uma consideração sobre o método, extraída de Derrida[20]. Ele conta que Husserl era avesso ao debate filosófico, pois os contendores, depois de discutirem, tendem a concluir, a encerrar a questão, "enclausurar a espera". Nota que não só os metafísicos são os culpados pela difusão dessa atitude, mas também "os que se ocupam das ciências empíricas: uns e outros seriam congenita-

---

20. Em espanhol, a íntegra da citação, no original: "Husserl ha hecho notar siempre su aversión por el debate, el dilema, la aporía, es decir, por la reflexión en la forma alternativa, en la que el filósofo, al término de una deliberación, quiere concluir, es decir, cerrar la cuestión, clausurar la espera o la mirada en una opción, una decisión, una solución; lo cual procedería de una actitud especulativa o 'dialéctica', al menos en el sentido que Husserl ha querido prestar siempre a esta palabra. Culpables de esa actitud son no solamente los metafísicos sino también, a menudo sin que lo sepan, los que se ocupan de las ciencias empíricas: unos y otros serían congénitamente culpables de un cierto pecado de explicativismo. El fenomenólogo, por el contrario, es el 'verdadero positivista' que vuelve a las cosas mismas y desaparece ante la originalidad y la originariedad de las significaciones. El proceso de una comprensión o de una descripción fieles, la continuidad de la explicitación disipan el fantasma de la elección. Se podría decir, pues, previamente a todo juicio que, por su rechazo del sistema y de la clausura especulativa, Husserl está ya más atento, en su estilo de pensamiento, a la historicidad del sentido, a la posibilidad de su devenir, es más respetuoso de aquello que se mantiene abierto en la estructura".

mente culpados de um certo pecado de explicativismo", mesmo sem sabê-lo.

O fenomenólogo, ao contrário, é o 'verdadeiro positivista', que volta às coisas mesmas e desaparece ante a originalidade e originariedade das significações. O processo de uma compreensão ou de uma descrição fiéis, a continuidade da explicitação, dissipam o fantasma da eleição. (Derrida, 1989, pp. 211-32)

Dessa maneira, respaldados pelos mestres, pretendemos deixar aparecer o discurso dos nossos entrevistados em toda a sua abertura.

Ao re-cordar os GEs que freqüentaram, os entrevistados surpreendem-se falando sobre sua trajetória de vida. "[...] é a primeira vez que eu falo de mim como terapeuta [durante] tanto tempo. Uma hora falando de mim, como terapeuta... Eu nunca pensei nisso assim, nesse tema, é a primeira vez", diz um deles (M. H., fenomenóloga existencial). A narrativa é costurada segundo as veredas apenas sugeridas pelo pesquisador, desvelando tramas previamente insuspeitadas. Unidades de significado saltam aos olhos, aproximam-se, constroem o *destino* da entrevista, na brilhante acepção que Belo dá à palavra:

> Há narrativa dum acontecimento quando se dá algo inesperado, de surpreendente, sendo embora um possível: aleatório num campo de possibilidades delimitado. As várias personagens duma narrativa "encontram-se", em seqüências de acções várias, como se diz, e a narrativa "con-juga-as" numa como que "constelação", feita de amores e/ou conflitos, de trocas entre diferentes, de diferendos. Para que "convenham" umas às outras, como amantes ou como rivais, fazendo "uma" narrativa, há-de haver algo que as

"apropria na aproximação" mútua, em reciprocidade, as *liga* narrativamente, as *destina* umas às outras: algo que permite/dá o que se deu, que deixa ser as acções narradas, mas que não aparece nunca como tal. Podia não ser e tinha de ser: é o que nos seduz nas grandes narrativas da ficção como da história, quer ainda da nossa própria história pessoal, com tanto de aleatório, mas o sentimento posterior de que tinha de ser, foi um "destino" (mas nunca uma "pré-destinação", teológica por excelência). (1991, pp. 117-8)

Agruparemos os aspectos da informalidade e da tradição num só bloco de comentários no próximo item. Em relação ao que chamamos de "tradicional", teremos algo mais a dizer nas Conclusões. Consideramos que a dimensão informal já foi suficientemente ressaltada quando tratamos da oposição dos GEs ao poder disciplinar.

Das outras tantas unidades de significação possíveis, duas delas foram escolhidas (ou destinadas?) para um exame mais detalhado à luz das palavras proferidas pelos entrevistados. Procuraremos analisá-las seguindo, ainda, os termos constantes do título deste trabalho.

A primeira unidade diz respeito ao *nomadismo*. É interessante notar, por meio das narrativas daqueles que se dispuseram a colaborar com esta pesquisa, a aleatoriedade do acesso ao grupo inicial. Como já foi acentuado, tudo se passa como se os GEs "estivessem aí", em um espaço próximo, pronto para ser descoberto e apropriado. Em seguida, veremos como os psicólogos relatam suas mudanças de grupo. Aqui, o motivo parece ser mais consistente: na medida em que um GE não contribui mais para sua formação, a mudança se impõe, mais cedo ou mais tarde. Observaremos ainda, no correr do texto, os modos de entrada no primeiro GE e as razões para as mudanças de grupo.

A segunda unidade de significação destacada refere-se à *constituição do sujeito psicoterapeuta* (embora nenhum dos entrevistados tenha usado tais termos). De modo surpreendente para o pesquisador, o tema foi desabrochando quando os psicólogos foram estimulados a discorrer sobre a importância dos GEs para a sua *formação*. Ao comentarem esse item, ressaltaram, de maneira direta ou indireta, o aspecto solitário de sua prática. Compartilhar os procedimentos, as dúvidas e as inseguranças com o orientador e com os colegas dava-lhes a noção de estar fazendo algo real — porque testemunhado. Lembremo-nos do ensinamento de Critelli (1996): "Sem testemunho, o desvelado e o desvelamento, o revelado e a revelação esvanecem-se, dissolvem-se". Aqui, os psicólogos estavam constituindo sua identidade como terapeutas, ligados a dada abordagem, o que implica determinada concepção de homem e de como lidar com ele; pode-se dizer que alteravam, de maneira significativa, sua subjetividade. Os termos "postura", "formação" e "identidade" foram usados pelos entrevistados com significados muito próximos, que constantemente se interpenetravam. Tomaremos emprestadas essas palavras para nomear um dos próximos itens deste trabalho, em que procuraremos ler, nas palavras dos psicólogos, a maneira peculiar de constituírem-se como terapeutas dentro dos GEs.

INFORMALIDADE E TRADIÇÃO

A dimensão *informal* de todo o processo de entrada, permanência, errância e aprendizado dos psicólogos nos GEs, além da ausência quase total de prazos e registros escritos, já foi comentada. Cabe aqui um breve comentário à guisa de complemento.

O fato de os GEs estarem totalmente à margem do ensino oficial também clama pela qualificação de informalidade. Segundo uma de nossas depoentes, em alguns casos de inscrição em concursos, já se aceita que se coloque no currículo a passagem por grupos de estudos. Mas a pontuação atribuída a essa vivência é pífia, contrastando com a enorme importância que os psicólogos lhe atribuem. Não poderia ser diferente, pois é impossível avaliar o aproveitamento da aprendizagem numa entidade que não apresenta registros escritos ou avaliações.

Cremos que os dados obtidos até agora sobre a característica *informal* dos GEs satisfazem os objetivos da investigação.

E por que chamamos os grupos de estudo de *tradicionais*? Em primeiro lugar, pela reverência à autoridade do orientador e pela seriedade com que seus membros encaram as tarefas ali desenvolvidas. Além disso, a leitura dos clássicos é constante nos grupos do tipo 1. Esses pontos também já foram comentados quando tratamos das respostas à questão 5 da entrevista. Arrolamos ali alguns fatores característicos do ensino tradicional, segundo Silva (2000). Mas outro significado da palavra vem ao nosso encontro, depois da escuta atenta aos depoimentos obtidos.

Os grupos de estudo, por sua onipresença no espaço microssocial do aprendizado da psicoterapia, já podem ser considerados uma estrutura *tradicional*. Onde quer que exista um psicólogo recém-formado ou veterano, um GE estará lá, à sua espera. O profissional adere ao conjunto de companheiros conformando um ato quase automático, considerado "natural". Enfim, uma das concepções possíveis de tradição é justamente esta: de tão familiar, parece pertencer à natureza das coisas.

Justificamos, dessa dupla maneira, a inclusão da palavra no título do trabalho.

OS NÔMADES

A partir deste ponto, ouviremos e comentaremos passagens dos depoimentos de nossos entrevistados. Adotemos a seguinte convenção, preservando o anonimato de nossos colaboradores: "E1" será o primeiro entrevistado, "E2" o segundo e assim por diante.

O primeiro grupo

Vejamos como alguns psicólogos chegaram aos GES[21]:

Bom, [o] primeiro grupo de estudo do qual eu participei foi logo após a faculdade. Comecei a trabalhar no [cita a instituição] *e tinha uma colega cujo pai era psiquiatra, e propôs um grupo de estudo sobre Freud. Então, foi após formada; hoje em dia muita gente já participa antes. O pai* [da amiga] *havia proposto e nós achamos interessante, eu e mais duas colegas, com ela éramos três, ele levou mais uma pessoa, éramos quatro. [...] Eu acho que foi um misto de curiosidade e de oportunidade, de oferta.* (E1, psicanalista)

Notemos o acaso, encontrando "um misto de curiosidade e oferta". O pai de uma colega, que era psiquiatra, propôs a formação do grupo. A segunda entrevistada chegou ao primeiro GE por meio de uma professora. Esse já é um processo mais comum.

---

21. Os depoimentos transcritos neste livro passaram por revisão ortográfica e gramatical, a fim de evitar a repetição de palavras e as hesitações próprias à língua falada. No entanto, a oralidade foi mantida.

Mas, por um caminho não explicitado, entrou também em outro grupo, mantendo-se nos dois ao mesmo tempo:

> [...] *eu estava, acho que, no quarto ou quinto ano de faculdade e a R. era nossa professora.* [...] *Eu já a admirava muito como professora, como pessoa, e aí o pessoal falou que ela tinha um grupo de estudos.* [...] *A E.* [colega de classe] *entrou comigo e nós começamos o grupo com a R., na linha kleiniana. E... ao mesmo tempo eu comecei a fazer o curso de psicodrama e as meninas ficaram meio admiradas, como é que a R. aceitava que eu fizesse o grupo de Melanie Klein e o curso de psicodrama, ela não queria que ninguém fizesse outra coisa.* (E2, junguiana)

A casualidade do acesso aos grupos é bem demonstrada no caso seguinte, em que a entrevistada nem mesmo se recorda do nome de sua primeira orientadora. É evidente, no relato, que a abordagem do grupo inicial não "combinava" com as expectativas da psicóloga em formação:

> *Lembro perfeitamente, foi logo que eu saí da faculdade. Ninguém sai da faculdade sem buscar um grupo de apoio* [risos], *nem é de estudo, é de apoio* [risos], *e aí foi quando eu comecei uma especialização, que não seria uma especialização formal dentro da psicanálise com uma... com uma terapeuta de São Paulo, M. param-pam-pam* [não se lembrava do sobrenome]. *Não lembro mais porque faz exatamente 21 anos.* [...] *Então foi com ela, foi em psicanálise, só que, assim, eu fiquei um ano mais ou menos, mas a minha formação com a psicanálise não combina, então eu saí daí e foi quando eu comecei na Dasein, no ano seguinte.* (E3, fenomenóloga existencial)

A entrevistada seguinte também foi introduzida nos GEs por uma professora, não mais da faculdade, mas de um curso de especialização. Às vezes, é difícil precisar como se deu a transição do ensino formal para o informal, o que reforça a percepção de que os GEs existem "por aí", como se fossem entidades "naturais", prontas a serem consumidas a qualquer tempo:

> *Acho que uns dois anos depois de formada, eu fiz um curso de especialização. Terminado o curso, ainda fiquei um ano subindo* [de Santos para São Paulo], *e aí eu fazia um grupo de estudos com uma orientadora. Éramos, eu acho que, três ou quatro pessoas; nós ficamos um ano fazendo. Foi no Sedes Sapientiae que eu fiz a especialização, e peguei uma supervisora do Sedes Sapientiae também. Esse foi um dos que iniciaram, um dos primeiros.* (E4, psicodramatista)

A entrevistada seguinte chegou ao GE por iniciativa própria, procurando pessoas que estivessem estudando o tema que a interessava. Mas, para que isso pudesse acontecer, é evidente que informações sobre a existência de GEs estavam disponíveis para ela.

> *Eu procurei saber se alguém conhecia um grupo, ou se as pessoas se reuniam para estudar alguma coisa. Foi busca minha.* [...] *E depois eu parei, né, e, quando eu retomei, foi outra busca minha, também.* [...] *Foi outro grupo. Nada a ver.* (E5, cognitiva comportamental)

Esta outra iniciação se fez de maneira *sui generis*, como descreve o próprio entrevistado. Os GEs "aparecem" na vida dos psicólogos iniciantes:

> *Um dos primeiros grupos de estudo que eu fiz, inclusive foi até de uma maneira, diria, sui generis. Foi no primeiro ano de atuação clínica. Na época, eu comecei a trabalhar com criança, então a* D. [psicóloga de Santos] *formou um grupo de estudos e o convite acabou chegando. Ela deixou, na realidade, um cartãozinho com o porteiro do prédio, que era aqui na Praça* [menciona o endereço]. *No cartãozinho, ela fez uma anotação atrás: "Estou formando um grupo de estudos, te interessa?" e deixou o cartãozinho com ele* [porteiro] *e ele me entregou. Quer dizer, não foi uma coisa nem direta, foi uma coisa assim, claro, eu já conhecia a* D., *acho que seria até um tanto absurdo se não houvesse o conhecimento, não é? Então, entrou em contato e o grupo começou assim.* (E6, terapeuta corporal)

Mudanças de grupo

Trataremos, aqui, de cercar as tantas maneiras de os psicólogos psicoterapeutas vagarem de um grupo a outro, até encontrarem aquele em que se estabilizam.

Vejamos, em primeiro lugar, o relato de uma psicanalista. Note o que ela diz ao assistir a uma palestra daquele que seria seu mestre: "[...] eu achei que combinava com as coisas que eu acreditava", afirmando nossa tese de que a errância dos candidatos a terapeutas acaba por conduzi-los ao orientador adequado – no caso, ao mestre adequado, pois a abordagem aqui considerada faz parte do tipo 1:

> [...] *Eu estava num grupo, que era uma clínica, com mais quatro sócias, que eram kleinianas roxas,* [...] *eu achava muito esquisito o que elas falavam.* [...] *Aí veio uma proposta de uma palestra,*

desse P., [...] achei interessante. [...] Nós fomos lá pra Campinas, foram algumas pessoas de Santos, e eu achei que ele propunha uma teoria que não feria a minha inteligência. Ele falava de seio, falava de tudo aquilo, mas de uma forma absolutamente inteligível, lógica, né? Aquilo me pegou. Na verdade, eu fiquei até emocionada, porque eu achei que combinava com as coisas que eu acreditava, com uma teoria que produz matéria importante. Eu achava muito esquisito, aqui, as coisas que eu ouvia. (E1, psicanalista)

A entrevistada seguinte não expõe claramente como passou de um grupo a outro, mas tece considerações sobre o processo de mudança. As palavras "identificação", "verdadeira" e o verbo "acreditar" indicam o alto grau de emocionalidade que a adesão a um GE pode mobilizar:

Quantos clientes [que] *não ficam com a gente, também vão para outras linhas?* [...] *Eu acho que é essa identificação mesmo, e também, eu sinto isso, a gente passa uma coisa que acredita e vive, uma coisa verdadeira, e se a pessoa não pensa ou sente do mesmo jeito,* [se] *não concorda, vai procurar outra coisa. Tem gente que vai atrás de vidas passadas até, milagres, ou não tem essa paciência de um trabalho mais comprido ou mais demorado.* (E2, junguiana)

A entrevistada oriunda da abordagem fenomenológico-existencial, ao ser questionada sobre a história dos grupos de que participou, responde que não se identificou com um deles; usa a expressão "não bateu o sininho". Abandonou outros GEs por motivos não especificados. Deparamos sempre com a busca, com a tentativa-erro, com o vagar, com a errância:

> [...] *Esse último* [GE] *que eu* [freqüentei] *não curti tanto. Foi legal, mas não foi assim, não bateu o sininho. Era um grupo que já vinha acontecendo em função de um trabalho* [em] *que ela* [a orientadora] *buscava ser um pouco mais rigorosa e tal. Eu entrei numa dessas etapas pra ver como é que era. Então tem grupos mais formais, ou já com uma história; muitos eu abandonei e eu sei que continuaram.* (E3, fenomenóloga existencial)

A próxima entrevistada volta a falar de seu primeiro grupo, explicando que ela e outras colegas escolheram um professor com quem tinham afinidade. Conta que foi convidada para participar dos GEs seguintes. Aparece, no final do seu relato, a informalidade do convite feito para sua participação nos estudos de psicodrama:

> *Depois disso* [do primeiro grupo], *houve um outro grupo de estudo na área de neuropsicologia. Esse durou, acho que, uns dois anos e culminou em um trabalho que foi apresentado em congresso.* [...] *Todos informais. Dois anos. Formalizou-se pelo trabalho em congresso.* [...] *Olha, no primeiro, era um curso de especialização, então existia uma classe já formada. Eram vários professores, então escolhemos o professor* [com] *que*[m] *nós tínhamos mais afinidade. Foi isso que determinou a escolha* [de participar do GE]. *No segundo, não foi uma escolha, eu fui uma das escolhidas para participar do grupo, que era o grupo de neuropsicologia. E, no terceiro, de psicodrama, eu também fui convidada: "Olha, nós estamos fazendo o grupo assim, assado, você quer participar?", "Quero, tenho interesse em participar desse grupo".* (E4, psicodramatista)

A psicóloga cognitivo-comportamental, em passagem anterior, diz que buscou o primeiro grupo por iniciativa própria.

A procura do segundo grupo seguiu o mesmo padrão. Posteriormente, de maneira análoga à sua colega fenomenólogo-existencial, procurou formar GEs ao sentir necessidade de "estudar algum tema":

> *Aí foi outro grupo de estudos. Mas foi sempre busca minha... e o terceiro grupo, eu é que senti necessidade de estudar algum tema, e a gente formou um outro grupo.* (E5, cognitiva comportamental)

E6, psicólogo de abordagem corporal, ao falar sobre sua experiência em participar de grupos, e mesmo de orientá-los, comenta o nomadismo:

> *Bem, os grupos de estudos surgem das mais diversas formas. Por exemplo, se você está fazendo algum grupo formal, na formação, em algum instituto, em alguma escola, dentro desse próprio grupo acabam se formando subgrupos que seriam os grupos informais. A partir dali, como grupo de estudos, surge a necessidade específica de alguém trabalhar um determinado tema e aí os convites acabam acontecendo, quer dizer, esses grupos acabam se formando basicamente dessa maneira. Uma outra maneira de formação de grupos informais é um profissional, por exemplo, que quer oferecer determinado tipo de trabalho, como eu já fiz algumas vezes, de fazer a divulgação desses grupos de trabalho, num meio específico, por exemplo, no meio universitário, junto a uma faculdade de Psicologia, junto a uma faculdade de Medicina, ou até mesmo um centro específico dentro da faculdade de Medicina, como um centro de psiquiatria. Então, quer dizer, a partir desses núcleos você forma os grupos informais.* (E6, terapeuta corporal)

Esse relato resume o que foi observado até aqui. "[...] surge a necessidade específica de alguém trabalhar um determinado tema e aí os convites acabam acontecendo [...]", diz ele. Há uma oferta de GEs no espaço psi. Mantém-se a afirmação: os GEs são informais, os psicólogos são nômades. Feitos um para o outro, um dia se encontram.

Cabe aqui uma última observação sobre a eleição do método fenomenológico para esta pesquisa. "O fenomenólogo [...] é o 'verdadeiro positivista', que volta às coisas mesmas e desaparece ante a originalidade e a originariedade das significações", diz Derrida, em citação anterior. Dificilmente, a variedade do tema em estudo caberia em um esquema rígido de categorias.

O assunto a seguir, no entanto, requer uma análise de outro tipo. Procuraremos, então, alguma unidade na viagem que os psicólogos psicoterapeutas empreendem pelos caminhos dos GEs.

POSTURA, FORMAÇÃO, IDENTIDADE

Já dissemos que os entrevistados usaram os termos "formação", "postura" e "identidade" de forma intercambiável. Modernamente, é lícito supor que estivessem falando da constituição de sua subjetividade, no que se refere ao papel de terapeutas. Esclarecendo essa nomenclatura bastante sobreposta[22], Crochík (1998, s/p) disserta: "[...] a *formação* deve se destinar à diferenciação do

---

22. Para complicar ainda mais a questão, existem várias definições de "subjetividade" na literatura. Escolhemos, neste ponto, a formulação de Crochík, por nos parecer abrangente e adequada aos nossos propósitos. O mesmo acontece com o conceito de "formação". No capítulo sobre a análise das entrevistas, numa primeira abordagem à importância dos GEs, demos ênfase à idéia de *percurso* e *processo* de formação, segundo Moita (1995, p. 115).

indivíduo em relação ao seu meio, com o qual se vê confundido por ocasião de seu nascimento". A *subjetividade*, por outro lado,

> define-se por um terreno interno que se opõe ao mundo externo, mas que só pode surgir deste. [...] Tal *subjetividade* se desenvolve pela interiorização da cultura, que permite expressar os anseios individuais e criticar a própria cultura que permitiu a sua formação. (Crochík, 1998, s/p; grifos nossos)

Ao enfatizar que a subjetividade "permite expressar os anseios individuais", o autor traz à baila novamente o estado de humor, ou estados de ânimo. O pertencer a um grupo de crenças traz, a cada membro da comunidade, um *sentido* para aquilo em que ali se acredita. Só dessa maneira os conceitos adquirem realidade para quem os "emprega". Critelli (1996, p. 69) postula que algo, para se tornar real, deve ser *desocultado* por alguém. Em seguida, precisa ser *revelado* pela linguagem e visto e ouvido pelos outros – *testemunhado*. Se for referendado como verdadeiro, por aquilo que chama de *relevância pública*, é, por fim, "efetivado em sua consistência através da vivência afetiva e singular dos indivíduos", num processo que chama de *veracização*. Assim, as coisas acabam por fazer *sentido*. Para conceituar esta última etapa, define os "estados de ânimo":

> Os estados de ânimo são aquela dimensão de ser que vai permitir às coisas terem alguma consistência. Explicar, por exemplo, que a água é composta por hidrogênio e oxigênio não é dar a ela nenhuma *consistência*, mas apenas se está explicitando sua composição química. Portanto, os estados de ânimo não estão no reino das concepções lógicos/formais das coisas, do ser, de nós mesmos. Eles estão no reino do *sentido*. [...]

Através de nossas emoções é que nosso ser e o ser em geral fazem ou ganham sentido. Através dos estados de ânimo, os significados das coisas fazem sentido. E, através deles, esses significados mudam. (Critelli, 1996, p. 94)

Segundo a escuta desta pesquisa, as palavras "postura", "formação" e "identidade" fazem parte do processo descrito anteriormente. É um processo contínuo de constituição da subjetividade e de confirmação de si, como ensina Taylor (1997, p. 55) ao dizer que só existe um *self* se relacionado a uma comunidade de interlocução, "em relação aos parceiros de conversação que foram essenciais para que eu alcançasse minha autodefinição", e também "em relação aos que hoje são cruciais para a continuidade da minha apreensão de linguagens de autocompreensão — e, como é natural, essas classes podem sobrepor-se". Taylor denomina "redes de interlocução" esse âmbito de falantes.

Os discursos dos entrevistados mostram a dupla condição de afirmar-se e confirmar-se. Vamos a eles.

Neste depoimento, estão presentes o emprego do verbo "participar" e a referência à solidão característica do fazer profissional. A psicóloga chega a dizer (metaforicamente, é claro) que o mestre faz companhia a ela, no consultório:

O fato de você fazer parte de um grupo de um cara que era da Sociedade de Psicanálise — eu fui descobrindo que ele era muito reconhecido em termos de estudo de Melanie Klein — foi me dando uma idéia de que eu era reconhecida de alguma forma como estudando psicanálise, fazendo parte, vamos dizer assim, pra resumir, de um grupo. [...] Acho que ajuda você a conhecer [o] trabalho dos outros e também mostrar, porque você dá exemplos clínicos e tudo mais, e você fica vendo como é que as pessoas trabalham, acho que isso também é importante. [...] A gente fica lá sozinha, no consultório, com o paciente, talvez, estou pensando no P. [o orientador]. O que ele ajudou muito na época, e ainda hoje ajuda, é que de repente você tem uma companhia naquela hora que está com o paciente. Como se fosse realmente alguém, não orientando, mas acompanhando. Você está imbuído talvez daquilo que você aprendeu com ele, então não fica tão solitário, talvez. (E1, psicanalista)

A fala que examinaremos agora relata o crescimento pessoal que o grupo proporciona; é uma busca, um querer melhorar, uma "coisa muito séria". Menciona ainda o "ficar junto", o "agüentar". Como já vimos mais de uma vez, esta última expressão faz parte da etimologia de *espanto*.

Eu acho que no grupo de estudos a gente não cresce só na teoria, a gente cresce como pessoa. Ou a gente cresce ou a gente cai fora, porque não agüenta e realmente é muito questionamento, é muita busca. É meio delegado, é uma coisa muito séria, muito séria. Ou a gente melhora, aprofunda ou a gente... Muita gente caiu fora nesses anos, passou pelo grupo. Eu acho que fica quem está junto daquele grupo querendo realmente se aperfeiçoar como profissional, como pessoa, embora a gente tenha as diferenças e afinidades mais com umas pessoas do que com outras, a gente sente que as pessoas estão querendo, estão querendo melhorar na profissão, como pessoa. (E2, junguiana)

A próxima entrevistada também menciona a profissão "muito solitária", o fato de "quem faz se colocar à disposição de quem está aprendendo a fazer", a troca de experiências. Lembremo-nos de Taylor: só se é um *self* em relação a certos interlocutores:

> [...] *eu acho que a nossa profissão é muito solitária, como psicoterapeuta.* [Sobre a fonoaudiologia] *Mas é que é mais aberto, você pode ter um outro profissional participando com você de uma sessão de fono. Não dá para você fazer a mesma coisa com psicólogo. Isso, inclusive, eu acho um problema que a gente tem, talvez a gente tenha que abrir isso.* [...] *Eu costumo dizer assim que, quando a gente sai da faculdade, a gente aprendeu a pensar a psicologia, o assunto que você estudou. Agora, fazer você aprende na prática com quem faz, isso é fundamental. Então, grupos de estudos, para mim, têm esse espaço, ele ocupa esse espaço: de quem faz se colocar à disposição de quem está aprendendo a fazer, e, depois, num outro nível, que eu acho que é um nível que a gente está agora, que é de você trocar mesmo experiência, trocar informação, de você não se fechar dentro de um corpo de conhecimento ou dentro de um jeito de fazer.* (E3, fenomenóloga existencial)

Entraremos, a seguir, nos discursos do tipo 2 (falas do psicodramatista e dos terapeutas cognitivo-comportamental e corporal). Mesmo com a diferença já assinalada em relação à figura do mestre, a importância do grupo como fator identitário não se altera. Na próxima entrevista, a confirmação da identidade do psicoterapeuta é feita pela marcação das diferenças entre as abordagens clínicas:

> *No psicodrama sim, muito forte isso* [o reforço da identidade], *muito forte. A postura do psicodramatista é uma postura diferente, por exemplo, de uma postura de um psicanalista. Existiam críticas, não no sentido de uma crítica negativa, mas no sentido de estabelecer uma identidade, "Olha, essa é uma diferença entre o psicodrama e a psicanálise".* (E4, psicodramatista)

Mais uma vez, a solidão aparece como referência. Os membros do grupo dão "respaldo" e "segurança" às ações de cada um. Mesmo sendo uma modalidade de terapia em que a técnica predomina, o modo de usar cada procedimento é apoiado ou criticado pelos colegas:

> [Falando da importância dos GES] *Acho que é primordial, porque você não se sente sozinha. No teu trabalho, você sente um respaldo, uma segurança muito maior no seu atendimento. Eu acho que você consegue perceber a forma de as outras pessoas lidarem com a própria teoria. Como a gente trabalha com comportamental, com muitas técnicas, você tem a técnica lá, mas a forma de você abordar, a forma de você usar essa técnica, ela é muito diferente. E o GE acho que te abre um leque para tudo isso. Então: "Olha, talvez seria melhor você começar a abordar dessa forma, usar a técnica desse jeito, prosseguir desse jeito, se você for fazer toda a técnica você não precisa, você pode usar só metade, o final, o começo...".*
> (E5, cognitivo-comportamental)

O próximo psicoterapeuta evocou o termo "cumplicidade" para conotar o fenômeno que acontece entre os membros dos GES. Não poderia ter achado palavra mais apropriada para exprimir a condição em que as pessoas confirmam-se umas às outras. Considera a informalidade essencial para que tal clima se produza.

> [Falando sobre grupo e formação de identidade do psicoterapeuta] *Eu diria que isso se torna inevitável, acho que pela própria informalidade do grupo [...] mas a cumplicidade, essa interatividade, essa confirmação, eu não senti em nenhum momento nos grupos*

formais. Num grupo informal existe muito essa confirmação, acho que a palavra é confirmação mesmo, há uma cumplicidade muito grande. (E6, terapeuta corporal)

Vimos as tantas formas que a pertinência aos GES assume para a formação do psicoterapeuta. Poderíamos dizer, também, que são essenciais para a postura dos profissionais, ou mesmo para a emergência de uma identidade dos psicólogos clínicos. Preferimos usar a expressão moderna: os GES são cruciais para a *constituição da subjetividade* de nossos pesquisados.

Queremos mencionar um fenômeno que aparece indiretamente neste trabalho, apontando para outra pesquisa. A escolha desta ou daquela abordagem implica um eixo axiológico, uma descrição da natureza dos processos psicoterapêuticos que seja condizente com os valores prévios dos psicólogos que as procuram. Weber (1974, p. 206) insiste na insubstituibilidade de valores culturais, "que devem ser preservados e desenvolvidos exclusivamente através do cultivo da peculiaridade do grupo". O livro de Taylor, *As fontes do self: a construção da identidade moderna* (1997), defende a tese de que a investigação sobre a identidade é inseparável da apreciação dos valores que regem a vida das pessoas. Fica aqui o registro dessa importante orientação teórica. Cremos que alguns sinais de sua presença podem ser lidos nas entrelinhas de nosso trabalho.

Considerações finais: o processo formativo

Munidos dos subsídios fornecidos por nossos colaboradores nos questionários e nas entrevistas, esboçaremos um caminho de formação, baseados nas considerações feitas neste capítulo. Antes, porém, é conveniente ampliar um conceito já anunciado.

A-LETHEIA

De acordo com a visão heideggeriana, o homem é um ser aberto para o mundo; este, a cada momento, vem ao seu encontro. É um movimento de mão dupla. Assim vive sua vida, ora des-cobrindo, ora distraído, deixando que apareçam ou passem despercebidos os entes intramundanos.

O indivíduo é lançado num mundo já constituído, onde circula por dada linguagem, ali presente muito antes que sua existência viesse à luz. É condenado a viver no tempo, entre as coisas e os outros homens, com quem co-existe, com um projeto e um passado. O projeto ressignifica o passado, que por sua vez modifica o projeto. Outros homens, coisas, passado e futuro constantemente se desvelam, mostrando-se em sua pluralidade, como todo fenômeno. Assim, uma pedra pode mostrar-se ao caminhante como obstáculo; ao geólogo, como um dado na história da Terra; ao escultor, como a possibilidade de uma estátua.

Um fenomenólogo diria que, ao fazer a estátua, o artista está libertando, na pedra, a possibilidade de estátua que ela (também) é, e que a ele se desvela.

A pedra, para cada um deles, é algo diferente. Por incrível que pareça, ao escutar a palavra "pedra", todos sabem identificar o objeto a que se refere; por isso, Hannah Arendt afirma que o principal atributo do mundo é o fato de ele ser percebido em comum por todos nós[23].

Todos eles — caminhante, geólogo, escultor, poeta — descobrem a pedra no meio do caminho; para todos, e para cada um a seu modo, a pedra é *verdadeira*. "Des-cobrir é um modo de ser no mundo" (Heidegger, 1988, p. 288). A pedra — que já estava ali havia muito tempo — agora se revela, trazendo consigo a possibilidade de ser ela mesma e de remeter a outra coisa: obstáculo, dado geológico, estátua, poema. Mas, para que isso aconteça, para que tais verdades se mostrem, nossos des-cobridores não poderiam estar distraídos. Uma atenção, ainda que difusa, precisaria estar presente. Heidegger (*ibidem*, p. 111) a denomina *circunvisão*[24].

São essas, em termos simples, as condições para o advento da *a-letheia*. Em dado momento, algo "salta" do pano de fundo

---

23. *Apud* Critelli (1996, p. 77), cf. citação anterior.

24. O conceito de *circunvisão* é mais complexo do que a aproximação aqui traçada. Para nossa finalidade, fiquemos com essa definição, ainda que parcial.

indiferenciado em que repousam as coisas e toma uma configuração significativa, aparecendo como inequivocamente *verdadeiro, como se já estivesse ali*. No segundo momento, tal experiência pode ser traduzida pela linguagem — ou mesmo ser despertada pelos ensinamentos de um mestre.

> As palavras levam-nos a "recordar" as coisas que já conhecemos e incentivam-nos a procurá-las novamente, mas não são responsáveis por esse saber. A palavra, dirá Heidegger, não é sinal mas faz sinal, acena-nos, para que possamos ouvi-la como deve ser ouvida. (Gmeiner, 1998, p. 79)

A autora remete-se então a Agostinho, que

> discute o valor da palavra como correspondência ao que se pensa (relação inteligência e coisa) e a situa como elemento desencadeador do pensamento. [...] A palavra não "significa", rigorosamente, o que se pretende dizer, mas fala por si mesma, conduzindo à contemplação da Verdade. (Gmeiner, 1998, p. 80)

Deixa, então, falar o bispo de Hipona:

> Mas quando tiverem explicado (os mestres) toda a doutrina [...] os discípulos vão conservar, consigo mesmos, se as coisas são verdadeiras, contemplando, segundo suas forças, a verdade interior. Então é que verdadeiramente aprendem. (Agostinho, 1956, cap. XIV, p. 127; *apud* Gmeiner, 1998, p. 80)

Voltamos aqui à experiência antes comentada: de algum modo, "sempre se soube" aquilo de que o mestre fala. No conceito agostiniano, seus ensinamentos trazem à luz o saber disponível no interior de cada discípulo. Em nossos termos, as palavras do orientador organizam e dão significado à visão prévia de cada orientado. A experiência daquele que aprende, no entanto, é muito semelhante.

Munidos, portanto, desse outro conceito de verdade, oposto à "adequação do pensamento à coisa"[25], vamos confeccionar um mapa da formação do psicólogo psicoterapeuta, esperando que a cartografia esboçada seja um guia confiável para a complexidade do território que pretende descrever.

EM BUSCA DE UMA SÍNTESE

1 – O psicólogo que tem como objetivo tornar-se psicoterapeuta é conduzido a um GE. Como vimos, não há um procedimento padrão para que isso aconteça. É importante ressaltar que esse caminho faz parte da cultura dos psicólogos clínicos; é trilhado por uma busca muitas vezes inespecífica de conhecimento; em termos heideggerianos, esse início de trajeto faz parte do "impessoal"[26]. Freqüentemente, o futuro psicoterapeuta passa por diversos grupos. É de esperar que se fixe num deles.

2 – A fixação se dá, na maioria das vezes, centrada na figura do orientador. O saber que ele deixa transparecer, assim como o acolhimento que proporciona ao participante, sustenta a

---

25. "*Veritas*, a palavra latina para verdade, significa, por outro lado, a adequação do conhecimento, ou da inteligência, à coisa; pode-se pensar, também, na adequação da coisa ao conhecimento" (Gmeiner, 1998, p. 78).

26. Cf. Heidegger, 1988, § 27.

permanência deste nas sucessivas reuniões de estudo. Cria-se a confiança no mestre, que passa a se tornar um modelo de profissional e/ou de conhecimento. Aparece nos relatos um tom de encantamento, aparentado ao que descrevemos como espanto. As condições para o advento da *a-letheia* estão sendo engendradas. A assimilação da doutrina e o respeito pelo mestre formam uma unidade; o segundo termo é essencial ao primeiro.

3 – O ambiente assim configurado faz que o aprendiz suporte uma fase, às vezes longa, em que a visão de mundo proporcionada pela doutrina ainda não está definida, ainda não forma um todo. A confiança no mestre mantém a promessa de uma compreensão mais vasta do psiquismo e do mundo. Não se pode esquecer, no entanto, de que a teoria já é um dado estabelecido na cultura psi, e de que o psicólogo, mesmo iniciante, tem disso alguma noção. Como nos ensina Severino,

> Os conteúdos do conhecimento e do pensar humano são constituídos a partir dos signos, símbolos e conceitos prévios que formam o entorno cultural – as sociedades. Nelas, ao se impregnar de seus conteúdos, a pessoa se objetiva ao mesmo tempo que se expande numa rede de intersubjetividade. Ao inserir-se nessa comunidade de significações, o sujeito implementa relações intersubjetivas e passa a compartilhar significações objetivadas, prenhes de universalidade. Essa comunidade de sentido já está lá quando o indivíduo nasce e desencadeia seu processo próprio e típico de engendramento de conhecimento, antes que ele se apresente para a aprendizagem e para a apropriação personalizada da cultura. (2001, p. 61)

Desse modo, podemos dizer, também, que o mestre é o guardião e o guia de tal conhecimento.

4 – Seguindo de maneira um tanto livre o pensamento de Severino, expresso no item anterior, vimos que os GEs já "estavam lá" quando o indivíduo nasce *como psicólogo*. Ali é implementada sua rede de relações intersubjetivas, ali passa a compartilhar significações objetivadas. Os grupos são parte integrante do entorno cultural do espaço psi. Cada novo membro que neles se insere apreende o espírito do todo, impregnando-se dos conceitos que nortearão sua vida profissional.

5 – Ao suportar a indefinição do processo, os membros dos GEs desenvolvem uma peculiar relação com o tempo. Não há programa rígido a ser seguido, em geral, não existe data prevista para que o estudo acabe nem promessa de prazo para que os participantes assimilem os ensinamentos. Diríamos que o GE se passa, em grande parte, num *tempo de espera*, até que o aprendiz sinta que sua identidade de psicoterapeuta está constituída. Mesmo depois de veteranos, muitos psicólogos continuam a se reunir com seus pares para estudar. Na medida em que o exercício da psicoterapia é uma função solitária, dúvidas e incertezas sempre estarão presentes. Podemos dizer que a continuidade da freqüência aos GEs é um *tempo de confirmação*, tanto da identidade profissional como da filiação teórica.

6 – A indefinição da permanência no grupo permite uma abertura diferente daquela em que vigoram prazos. É o tempo propício para a *a-letheia*. Algo se apresenta ao entendimento, mas, no momento seguinte, pode escapar, pois tal é a natureza de toda a pretensão de abarcar a totalidade. Mesmo assim, sabe-se que uma verdade "está lá". Cada doutrina é um sistema de mundo, uma grande e fascinante história, contada e re-contada nesta época que se define como pós-moderna, prenhe de

"incredulidade em relação aos metarrelatos" (Lyotard, 1993, p. XVI). Uma grande história que se tem o prazer de re-cordar e a cada vez se con-firma. É a literatura quem melhor expressa esse encanto:

> [...] o segredo das Grandes Histórias é que elas não têm segredos. As Grandes Histórias são aquelas que você ouviu e quer ouvir de novo. Aquelas em que você pode entrar por qualquer parte e habitar confortavelmente. Elas não enganam você com truques e finais emocionantes. Elas não surpreendem você com o imprevisível. Elas são tão familiares como a casa em que se vive. Ou como o cheiro da pele do amante. Você sabe como elas terminam, mas, mesmo assim, você escuta como se não soubesse. Da mesma forma que apesar de saber que um dia vai morrer, você vive como se não fosse. Nas Grandes Histórias você sabe quem vive, quem morre, quem encontra o amor, quem não encontra. E, mesmo assim, você quer ouvir de novo.
> Esse é o seu mistério e a sua magia. (Roy, 1998, p. 232)

7 — Escutando o mestre em quem confia, compartilhando dúvidas e angústias com seus colegas, perseguindo um saber a um só tempo presente e fugidio, dando tempo ao tempo, abrindo-se à emergência da *a-letheia*, constitui-se o sujeito, forma-se o psicoterapeuta.

CONCLUSÕES

Procuramos apontar, neste trabalho, as semelhanças entre os grupos de estudos. Diferenças existem, e foram apontadas.

Mas preferimos ressaltar parâmetros que os identificassem, para que uma visão geral sobre o tema viesse à luz.

A pesquisa, no entanto, não pretende dizer que os GES são "iguais". Elaborada em plena pós-modernidade, época de elegias ao diverso, ao periférico, ao marginal, quis apenas trazer a público o encanto desse dispositivo pedagógico tão peculiar. Num trabalho de origem acadêmica, corremos, às vezes, o perigo de fazer generalizações indevidas. O autor espera ter demonstrado, ao lado de certa semelhança de procedimentos, a riqueza de caminhos e de processos de constituição do psicólogo psicoterapeuta na situação estudada.

A questão da identidade e da diferença é tão antiga quanto a filosofia. Não será este o fórum para resolvê-la! Vamos a duas observações finais, uma ligada ao igual, outra ao diverso.

A primeira consideração prende-se ainda uma vez à palavra "tradicional", constante no título do trabalho. Os GES conformam uma estrutura modernamente chamada de *bottom-up*. Johnson (2003, p. 14) ensina que tais sistemas "resolvem problemas com o auxílio de massas de elementos relativamente simplórios, em vez de contar com uma única 'divisão executiva' inteligente. São sistemas *bottom-up*, e não *top-down*". Ações comportamentais em um nível inferior engendram complexidade crescente, configurando patamares superiores de organização: "formigas criam colônias; *cidadãos criam comunidades*; um software simples de reconhecimento de padrões aprende como recomendar novos livros" (grifos nossos). Esse movimento é chamado de *emergência*.

O aparecer de tais estruturas, na comunidade humana, tende a ser sólido e durável. Em outras palavras, esse é o modo de nascimento de uma *tradição*. Como já foi visto neste trabalho, podemos dizer, também desta outra maneira, que os GES constituem-se uma tradição entre os psicólogos. Queremos deixar consignado esse novo acesso ao termo.

Cabem também, neste momento, breves comentários sobre o silêncio oficial a respeito dos GES. Um sistema *bottom-up* forma-se à margem do poder disciplinar. Entidades como o Conselho Federal de Psicologia (CFP) e Conselhos Regionais de Psicologia (CRPs) são normativas, inserem-se no modelo *top-down*. Pertencem a outro espaço, aquele das leis; não há lugar nem motivo, neste nível, para pronunciamentos acerca de nosso objeto de estudos. Nos jornais publicados pelas Associações de Psicólogos, eventualmente, aparecem profissionais anunciando GES, mas nunca artigos sobre essa prática grupal. Existem diversos tipos de entidades situadas entre a formalidade (pois podem ter seus estatutos registrados) e a informalidade. Exemplo disso são as sociedades de psicanálise[27], a Sociedade Brasileira de Psicologia Analítica, a Associação Brasileira de Daseinsanalyse etc. Há todo um *continuum* entre os dois pólos. Embora o estudo

---

27. Para ilustrar as tantas nuanças do eixo formal–informal, apelamos para um trabalho que descreve uma instância da Sociedade Brasileira de Psicanálise: os Núcleos. "Na tentativa de esboçar uma sucinta análise desta particular instituição, Núcleo de Psicanálise, destaco dois fatores que a caracterizam de modo próprio e participam intrinsecamente do *status* que a faz distinta da sua Sociedade de origem. São eles: *organização* e *distância*. [...] Um Núcleo surge por necessidade de psicanalistas que estão numa condição de afastamento suficiente da sociedade formadora para justificar o novo *status*: núcleo de psicanálise. [...] Trata-se, num Núcleo, de um grupo de colegas psicanalistas que se organiza". (Prada e Silva, 2004, s/p; grifos no original)

do *status* de cada uma delas extrapole nosso escopo, podemos constatar a raridade ou inexistência, em suas publicações, de textos sobre os GEs.

Em termos de bibliografia, é intrigante notar a ausência de livros sobre o assunto, ao menos na literatura a que tivemos acesso. Examinar todas as obras e também artigos de revistas indexadas que poderiam referir-se ao tema seria tarefa hercúlea, matéria para outra pesquisa. Mas é certo que, se existirem, serão poucas as referências aos GEs. Talvez a marginalidade dos grupos seja novamente a responsável por seu baixo *status* entre os produtores de textos pedagógicos e psicológicos formais. Fiquemos com a dúvida, impossível de ser resolvida no âmbito deste trabalho.

Mais um tópico relacionado ao termo "tradicional" merece menção. É possível à universidade, por si só, formar terapeutas? Com base no que os fatos mostram, a resposta é negativa. A formação é um processo longo, contínuo, sem tempo definido, que necessita ser reafirmado constantemente. Essa dimensão temporal não cabe no ensino institucionalizado, seja ele em nível de graduação ou de especialização. Além disso, a atenção do orientador e a troca de experiências são bastante intensas e individualizadas, fenômeno improvável numa classe numerosa, como é de hábito em cursos oficiais. Cremos que os GEs permanecerão como uma instância indispensável à constituição da identidade dos sujeitos psicoterapeutas.

A segunda nota segue o caminho da multiplicidade. Foram vários os meios de chegada aos grupos, tantos outros os motivos de mudanças. Ouvimos dos entrevistados diferentes descrições dos mestres e dos colegas, adeptos de diversas concepções do Homem. Existe aqui uma imensa riqueza de conceitos e valores. Reduzi-los uns aos outros talvez seja um trabalho inglório, que acabe por nos empobrecer. Por isso, não acreditamos que haja, ao menos no futuro próximo, uma convergência das abordagens psicoterápicas. É um prêmio Nobel quem nos confirma, em sua linguagem peculiar:

> O código genético disso a que, sem pensar muito, nos temos contentado em chamar natureza humana, não se esgota na hélice orgânica do ácido desoxirribonucleico, ou ADN, tem muito mais que se lhe diga e muito mais para nos contar, mas essa, por dizê-lo de maneira figurada, é a espiral complementar que inda não conseguimos fazer sair do jardim-de-infância, apesar da multidão de psicólogos e analistas das mais diversas escolas e calibres que têm partido as unhas a tentar abrir-lhe os ferrolhos. (Saramago, 2004, pp. 28-9)

Dada tamanha diversidade, que nos seja perdoado o título meramente formal deste último item. Nenhum assunto tão aberto pode apresentar "conclusões"; nem mesmo é este o objetivo de uma pesquisa qualitativa. O método que adotamos também não sinaliza nesse sentido. Fizemos uma pesquisa e atingimos um patamar de conhecimento compatível com os instrumentos escolhidos.

Finalizamos qual uróboro: o círculo se fecha e recomeça. Esperamos que o texto tenha os desdobramentos que fizer por merecer.

Permitam-me, neste momento, abandonar o plural majestático, o sujeito indeterminado e "o pesquisador". Depois de vagar, como nômade, por esses diferentes *alter egos*, volto à primeira pessoa: o "eu", a um só tempo informal e tradicional.

Os grupos de estudos sempre me intrigaram. Espantaram-me, para usar um termo que norteou o espírito da pesquisa. Imbuí-me de uma tarefa difícil: procurar descrevê-los, com a intenção de tornar público esse fascínio e afirmar sua independência, sem domesticá-los numa publicação acadêmica. Espero ter conseguido meu intento.

Bibliografia

ALBERTI, Verena. *História oral: a experiência do CPDOC.* Rio de Janeiro: Fundação Getulio Vargas, 1989.

ALVES, Rubem. *Conversas com quem gosta de ensinar.* 18. ed. São Paulo: Cortez/Autores Associados, 1987.

ARISTÓTELES. *Metafísica.* Tradução de Valentín García Yebra. Madri: Gredos, 1990.

BELO, Fernando. "A metamorfose das ciências". *Caderno de Filosofias,* Coimbra, publicação da Associação de Professores de Filosofia de Coimbra, fev. de 1991.

BINSWANGER, Ludwig. "The existencial analysis of thought". In: MAY, Rollo; ANGEL, Ernst; ELLENBERGER, Henri F. (orgs.). *Existence: a new dimension in psychiatry and psychology.* Nova York: Simon and Schuster, 1958.

BOGDAN, Robert; BIKLEN, Sari. *Investigação qualitativa em educação.* Porto: Porto, 1994.

BORNHEIM, G. *Dialética – Teoria práxis.* Porto Alegre: Globo, 1977.

BRUNS, Maria Alves de Toledo. "A redução fenomenológica em Husserl e a possibilidade de superar impasses da dicotomia subjetividade-objetividade". In: BRUNS, Maria Alves de Toledo; HOLANDA, Adriano Furtado. *Psicologia e fenomenologia: reflexões e perspectivas.* Campinas: Alínea, 2003.

BUYS, Rogério Christiano. *Supervisão de psicoterapia na abordagem humanística centrada na pessoa.* São Paulo: Summus, 1987.

CANCELLO, Luiz A. G. *A carne e o sonho*. Rio de Janeiro: Bom Texto, 2000.
_____. "O diabo a quatro". *Revista Rádice*, Rio de Janeiro, ano 3, n. 13, 1980.
_____. *O fio das palavras*. 4. ed. São Paulo: Summus, 2000.
_____. "A motivação para ser terapeuta". 1995. Publicado na internet em http://www.luizcancello.psc.br.
CRITELLI, Dulce Mara. *Analítica do sentido: uma aproximação e interpretação do real de orientação fenomenológica*. São Paulo: Educ/Brasiliense, 1996.
CROCHÍK, José Leon. "Os desafios atuais do estudo da subjetividade na psicologia". *Psicol. USP*, v. 9, n. 2, 1998. In: http://www.scielo.br/scielo.php?script=sci_arttext&pid=S0103-5641998000200003&lng=pt&nrm=iso. Acesso em 15 de junho de 2004.
DAMÁSIO, Antonio R. *O erro de Descartes*. 5. ed. Portugal: Europa-América, 1995.
DERRIDA, Jacques. "'Génesis y estructura' y la fenomenologia". In: *La escritura y la diferencia, Antrophos*, Barcelona, pp. 211-32, fev. 1989.
DRAWIN, Carlos; NENO, Simone. "Tensões e eficácias". Entrevista concedida à *Revista Psicologia: Ciência e Profissão*: Diálogos, n. 1, pp. 34-8, abr. 2004.
ELIADE, Mircea. *Cosmos and history: the myth of the eternal return*. Nova York: Harper, 1959.
FIGUEIREDO, Luís Cláudio. "Foucault e Heidegger – A ética e as formas históricas do habitar (e do não habitar)". *Tempo Social; Rev. Sociol. USP*, São Paulo, 7 (1-2): 136-49, out. 1995.
_____. *A invenção do psicológico. Quatro séculos de subjetivação (1500-1900)*. 4. ed. São Paulo: Escuta/Educ, 1992.
_____. *Matrizes do pensamento psicológico*. 7. ed. Petrópolis: Vozes, 2000.
FIGUEIROA, Gustavo. "Situación actual de psicoterapia individual: um resumen de la evidencia". II. Halazgos e efectividad. *Rev. Chil. Neuro-Psiquiat.*, pp. 33:225-36, 1995.
FONSECA, Cláudia. "Quando cada caso não é um caso: pesquisa etnográfica e educação". *Revista Brasileira de Educação*, n. 10, jan./fev./mar./abr., 1999.
FOUCAULT, Michel. *Dits et écrits*. Paris: Gallimard, 1994.

_____. *História da sexualidade, 3: o cuidado de si*. 6. ed. Rio de Janeiro: Graal, 1999.

_____. *Microfísica do poder*. 16. ed. Rio de Janeiro: Graal, 2001.

_____. *Vigiar e punir*. 22. ed. Petrópolis: Vozes, 2000.

GMEINER, Conceição Neves. *A morada do ser: uma abordagem filosófica da linguagem na leitura de Martin Heidegger*. Santos/São Paulo: Universitária Leopoldianum/Loyola, 1998.

GRÁCIO, Rui Alexandre. "Fenomenologia, metafísica e hermenêutica". *Caderno de Filosofias*, Coimbra, n. 2, jan. 1990.

HANSEN, João Adolfo. "Pós-moderno & cultura". In: CHALUB, Samira (org.). *Pós-moderno &*. Rio de Janeiro: Imago, 1994.

HEIDEGGER, Martin. *Que é isto — A filosofia?* São Paulo: Duas Cidades, 1971.

_____. *Ser e tempo*. 2 v. Petrópolis: Vozes, 1988.

HILLMAN, J.; VENTURA, Michael. *Cem anos de psicoterapia... E o mundo está cada vez pior*. São Paulo: Summus, 1995.

JOHNSON, Steven. *Emergência: a dinâmica de rede em formigas, cérebros, cidades e softwares*. Rio de Janeiro: Zahar, 2003.

LAING, R. D. *O eu e os outros*. 7. ed. Petrópolis: Vozes, 1989.

_____. *Fatos da vida*. Rio de Janeiro: Nova Fronteira, 1982.

LARROSA, Jorge. "Tecnologias do eu e educação". In: SILVA, Thomaz Tadeu. *O sujeito da educação: estudos foucaultianos*. 5. ed. Petrópolis: Vozes, 2002.

LÉVY, Pierre. *Tecnologias da inteligência*. São Paulo: 34, 1993.

LIPOVETSKI, Gilles. Entrevista à *Folha de S.Paulo*, caderno *Mais!*, 14 mar. 2004.

LOPES, Eliane Marta Teixeira. "Ensinar aprender". In: *Colóquio do Lepsi IP/FE-USP*, n. 3, 2001, São Paulo. In: http://www.proceedings.scielo.br/scielo.php?script=sci_arttext&pid=MSC00000000320010003000 10&lng=en&nrm=abn. Acesso em 20 de junho de 2004.

LUNA, Sérgio Vasconcelos de. *Planejamento de pesquisa: uma introdução*. São Paulo: Educ, 2000.

LYOTARD, Jean François. *A fenomenologia*. São Paulo: Difusão Européia do Livro, 1967.

_____. *O pós-moderno*. 4. ed. Rio de Janeiro: José Olympio, 1993.

MACHADO, Roberto. "Por uma genealogia do poder". In: FOUCAULT, M. *Microfísica do poder*. 16. ed. Rio de Janeiro: Graal, 2001.

MOITA, Maria da Conceição. "Percursos de formação e de trans-formação". In: NÓVOA, Antonio (org.). *Vidas de professores*. 2. ed. Porto: Porto, 1995.

NUNES, Benedito. *Heidegger & Ser e tempo*. Rio de Janeiro: Zahar, 2002.

PERES, Urania Tourinho. "A formação do psicanalista". In: http://www.estadosgerais.org/gruposvirtuais/perez_urania_tourinho-formacao_do_psicanalista.shtml. Acesso em 18 de março de 2004.

POMPEIA, João Augusto; SAPIENZA, Bilê Tatit. *Na presença do sentido: uma aproximação fenomenológica a questões existenciais básicas*. São Paulo: Educ/Paulus, 2004.

PRADA E SILVA, Martha. "Núcleo de psicanálise: distância – proteção. Breve contribuição ao estudo da natureza dos núcleos". Trabalho apresentado no II Encontro Regional da Sociedade Brasileira de Psicanálise de São Paulo, 28 ago. 2004.

ROSE, Nicholas. "Inventando nossos eus". In: SILVA, Thomaz Tadeu (org.). *Nunca fomos humanos*. Belo Horizonte: Autêntica, 2001.

ROY, Arundhati. *O Deus das pequenas coisas*. São Paulo: Companhia das Letras, 1998.

RUSSO, Jane. *O mundo psi no Brasil*. Rio de Janeiro: Zahar, 2002.

SANTAELLA, Lúcia. "Pós-moderno & semiótica". In: CHALUB, Samira (org.). *Pós-moderno &*. Rio de Janeiro: Imago, 1994.

SARAMAGO, José. *Ensaio sobre a lucidez*. São Paulo: Companhia das Letras, 2004.

SEVERINO, Antonio Joaquim. *Educação, sujeito e história*. São Paulo: Olho d'Água, 2001.

SILVA, Sonia Aparecida Ignacio. *Ouvir e contar a história: memórias da escola pública paulista (1930-1950)*. Santos: Universitária Leopoldianum, 2003.

_____. *Valores em educação: o problema da compreensão e da operacionalização dos valores na prática educativa*. 4. ed. Petrópolis: Vozes, 2000.

TAYLOR, Charles. *As fontes do self: a construção da identidade moderna*. São Paulo: Loyola, 1997.

WEBER, Max. *Ensaios de sociologia*. Rio de Janeiro: Zahar, 1974. Editado por Hans Gerth e C. Wright Mills.

------- dobre aqui -------

CARTA-RESPOSTA
NÃO É NECESSÁRIO SELAR

O SELO SERÁ PAGO POR

AC AVENIDA DUQUE DE CAXIAS
01214-999 São Paulo/SP

------- dobre aqui -------

INFORMAL, NÔMADE, TRADICIONAL

CADASTRO PARA MALA-DIRETA

Recorte ou reproduza esta ficha de cadastro, envie completamente preenchida por correio ou fax, e receba informações atualizadas sobre nossos livros.

Nome: _____ Empresa: _____
Endereço: ☐ Res. ☐ Coml. _____ Bairro: _____
CEP: _____ - _____ Cidade: _____ Estado: _____ Tel.: ( ) _____
Fax: ( ) _____ E-mail: _____
Profissão: _____ Professor? ☐ Sim ☐ Não Disciplina: _____ Data de nascimento: _____

1. Você compra livros:
☐ Livrarias   ☐ Feiras   ☐ Correios
☐ Telefone   ☐ Internet ☐ Outros. Especificar: _____

2. Onde você comprou este livro? _____

3. Você busca informações para adquirir livros:
☐ Jornais   ☐ Amigos
☐ Revistas   ☐ Internet
☐ Professores ☐ Outros. Especificar: _____

4. Áreas de interesse:
☐ Educação   ☐ Administração, RH
☐ Psicologia   ☐ Comunicação
☐ Corpo, Movimento, Saúde ☐ Literatura, Poesia, Ensaios
☐ Comportamento   ☐ Viagens, *Hobby*, Lazer
☐ PNL (Programação Neurolingüística)

5. Nestas áreas, alguma sugestão para novos títulos? _____

6. Gostaria de receber o catálogo da editora? ☐ Sim ☐ Não

7. Gostaria de receber o Informativo Summus? ☐ Sim ☐ Não

Indique um amigo que gostaria de receber a nossa mala direta

Nome: _____ Empresa: _____
Endereço: ☐ Res. ☐ Coml. _____ Bairro: _____
CEP: _____ - _____ Cidade: _____ Estado: _____ Tel.: ( ) _____
Fax: ( ) _____ E-mail: _____
Profissão: _____ Professor? ☐ Sim ☐ Não Disciplina: _____ Data de nascimento: _____

Summus Editorial
Rua Itapicuru, 613 7º andar 05006-000 São Paulo - SP Brasil Tel. (11) 3872-3322 Fax (11) 3872-7476
Internet: http://www.summus.com.br   e-mail: summus@summus.com.br